PEIRESC

ABBÉ DE GUITRES

Tiré à 75 exemplaires.

PEIRESC

ABBÉ DE GUITRES

PAR

ANT. DE LANTENAY

MEMBRE CORRESPONDANT DES ACADÉMIES DE METZ ET DE DIJON

Lauréat de l'Académie de Bordeaux.

BORDEAUX

FERET ET FILS, LIBRAIRES ÉDITEURS

15, COURS DE L'INTENDANCE, 15

M DCCC LXXXVIII

+

HOC · TEMPLVM
BEATAE · MARIAE · VIRGINI
SACRVM
AQVISTRIENSIVM · ET · MONACHORVM · ORDINIS · S · BENEDICTI
IN · ADSITO · MONASTERIO · DEGENTIVM
RELIGIONE · AC · PIETATE
EXSTRVCTVM · NECNON · AMPLIFICATVM
SED
A · VIRIS · CATHOLICAE · ECCLESIAE · INFENSIS
SEXTO · DECIMO · SECVLO · SPOLIATVM · ATQVE · VASTATVM
RESTAVRAVIT · REPARAVIT · RESTITVIT
DOCTORVM · MAECENAS · DOCTISSIMVS · IPSE
NICOLAVS · FABRITIVS · DE · PEIRESC
PRAEDICTI · MONASTERII · ABBAS · COMMENDATARIVS
TAM · BONVS · AB · VRBANO · VIII · PRAEDICATVS
AB · ANNO · CIƆ DC XIX · AD · ANNVM · CIƆ DC XXXVII

—

IN · CVIVS · MEMORIAM
HVNC · LAPIDEM
PERENNE · GRATITVDINIS · MONIMENTVM
AQVISTRIENSES · POSVERE
ANNO · S · R · ....

+

Inscription pour l'église de Guîtres.

(*Ant. de Lantenay.*)

AVANT-PROPOS

*Un des derniers et des meilleurs historiens de l'illustre évêque de Meaux, après avoir publié, en 1855, trois volumes d'*Études sur la vie de Bossuet jusqu'à son entrée en fonctions en qualité de précepteur du Dauphin, *fit imprimer en 1864 un quatrième volume qu'il intitula :* Bossuet précepteur du Dauphin et évêque à la Cour. *Par ces qualificatifs, M. A. Floquet désignait les vertus qu'il voulait spécialement faire admirer dans Bossuet, et la période de sa vie dont il allait raconter l'histoire.*

Des raisons analogues m'ont porté à inscrire en tête de cet opuscule, un titre à peu près semblable : Peiresc abbé de Guîtres. *C'est comme abbé de Guîtres, en effet, et uniquement comme tel, que je veux envisager ici l'illustre Peiresc, laissant l'honneur et le mérite d'en tracer le portrait complet à celui qui est seul capable de traiter un sujet si vaste, à M. Tamizey de Larroque, le savant éditeur des Lettres du savant conseiller au Parlement de Provence.*

Le côté de sa vie qui fait l'objet de cette étude est presque entièrement inconnu. Je le crois cependant plus digne encore d'admiration que les autres, s'il est vrai que, « après Dieu, ce qu'il y a de plus beau, c'est l'âme », et dans l'âme, la beauté morale. Ame toujours grande et quelquefois magnanime, cœur sensible et délicat, caractère noble, ferme et généreux, tel nous apparaîtra le plus célèbre des abbés de Guîtres, celui dont le Pape Urbain VIII résumait l'éloge en un mot, quand il l'appelait ce bon, ce si bon abbé commendataire, tàm boni commendatarii. Abbé, *c'est-à-dire père de ses religieux, personne ne le fut plus que Peiresc;* commendataire, *il n'y en eut jamais de plus désintéressé, ni de plus zélé pour établir l'ordre et la réforme dans son abbaye.*

Ces beaux sentiments de Peiresc nous seront révélés surtout par ses lettres. Toutes celles qu'on lira ici sont inédites, à l'exception de la première lettre au cardinal de Sourdis, que j'ai publiée en 1878. Elles font tout l'intérêt de ce petit travail, et le soin que j'ai mis à les rassembler en constitue tout le mérite.

PEIRESC ABBÉ DE GUITRES

CHAPITRE PREMIER

Premières années de Peiresc. — Son portrait par Bouchard. — Il est nommé abbé de Guîtres. — Lettre de l'avocat Bommard. — Réponse de Peiresc. — Les moines Jean Rouibe et Raymond Bommard. — Guillaume Parran, vicaire perpétuel de Guîtres.

Nicolas-Claude Fabri de Peiresc eut pour père Renaud Fabri, Maître des Comptes, seigneur de Beaugencier, et pour mère Marguerite de Bompar, dame de Peiresc et de Valavès (1).

Il naquit le 1er décembre 1580, vers sept heures du soir, à Beaugencier ou Belgentier, comme on dit aujourd'hui, village situé sur le Gapeau, dans le canton de Solliès-Pont, à 23 kilomètres de Toulon. Le nom de Peiresc, qu'il porta habituellement, est celui d'une terre située dans les montagnes, terre dont il devint seigneur, et qui faisait partie du patrimoine de sa mère.

Dès sa plus tendre enfance, il fit voir pour les sciences et pour les livres un amour et une curiosité qui ne sont pas communément de cet âge. La peste qui désolait la Provence obligea ses parents de l'envoyer chez les Jésuites d'Avignon, pour y continuer ses études commencées à Brignoles et à Saint-Maximin. Il revint en 1595 à Aix où, pendant une

(1) Cf. *Généalogies des maisons de Fabri et d'Arenx, par Jules de Bourrousse de Laffore;* Bordeaux, 1884, in-8o de 191 pages, tiré à 150 exemplaires qui n'ont pas été mis en vente.

année, il s'occupa de philosophie, et montra un penchant dominant pour la numismatique. Après avoir terminé ses études au collège de Tournon, il alla étudier le droit à Padoue, visita Venise, Rome, Naples, Florence, et conquit partout l'admiration et l'amitié de ce que ces villes célèbres possédaient alors de savants. Durant les trois années de son séjour en Italie, les monuments anciens, les inscriptions, et les médailles l'avaient beaucoup plus occupé que les Pandectes ou les Institutes de Gaïus. Il combla ce vide à son retour en France en prenant des leçons de Pacius, célèbre professeur de Droit à Montpellier.

Je ne suivrai pas Peiresc dans ses voyages à travers l'Angleterre, la Hollande, etc., excitant partout, par son profond savoir, l'étonnement des savants et des gens de lettres, partout devenant leur Mécène ou leur ami, et conquérant le titre flatteur et pittoresque de *procureur général de la littérature*, qui lui a été si justement donné (1). Mais on me saura gré de reproduire le portrait que Jean-Jacques Bouchard traçait de Peiresc en l'année 1630.

« M. de Peiresc, dit-il, est un homme qui n'a pas son pareil en l'Europe pour la courtoisie et humanité, comme aussi pour la sagesse, science, curiosité de toutes les belles choses, et intelligence de tout ce qui se passe dans le monde : n'y aïant royaume, païs ni ville celèbre, où il n'aye correspondance, et d'où il ne sache et n'aye tout ce qu'il y a de remar-

(1) Cf. *Viri illustris Nicolai Claudii Fabricii de Peiresc Senatoris Aquisextiensis Vita, per Petrum Gassendum;* Parisiis, 1641, in-4°; Hagæ-Comitis, 1651, in-12, cum auctuario, Hagæ-Comitis, 1655, in-4°; et dans le tome V des *Œuvres* de Gassendi, Lyon, 1658, in-fol. Elle a été incomplètement traduite par Requier; Paris, 1770, in-12. La *Vie* de Peiresc par Gassendi a été justement qualifiée « un modèle de biographie. » (*Revue des questions historiques*, tom. XXII, juillet 1877, pag. 227.) — Ch. Perrault, *Les hommes illustres qui ont paru en France pendant le* XVIIe *siècle*, tome II, art. *Peiresc*. — Jean-Albert Fabricius, *Centuria Fabriciorum scriptis clarorum qui jam diem suum obierunt;* Hamburgi, 1709, in-8°, p. 60-62. La Bibliothèque nationale en possède un exemplaire coté Q, 286. — *Biographie universelle* de Michaud, article de M. Foisset aîné. — *Biographie générale* de Didot, article excellent de M. Rathery. — *Le Bibliophile français*, t. VI, p. 289-297, article de M. Joannis Guigard, tiré de *l'Armorial du bibliophile*, où Peiresc est considéré principalement comme amateur de livres et de manuscrits. On y donne une reproduction de son portrait.

quable et de rare; soit par les gens de merite et de sçavoir avec tous lesquels il a commerce de lettres; ou par des hommes qu'il tient exprès à ses despens sur les lieus. Aussi a-t-il le cabinet le plus curieux de l'Europe. Car, pour les livres, il a une bibliothèque accomplie tant d'imprimez que de manuscrits, qu'il fait tous relier en maroquin rouge du Levant avec quantité de dorures (1); et tient à cet effet continuellement en sa maison deux ou trois bons relieurs. Pour les medailles et autres antiquitez, il en a telle quantité, que l'on luy desroba en un seul coup, il y a deux ou trois ans, trois cents medailles d'or. Les peintures sont infinies, entre autres les portraits des hommes illustres : comme aussi tous les ouvrages des autres arts nobles et curieux, dont il a toujours chez luy quelque excellent artisan. A cette heure, pour les choses naturelles, il a tout ce qu'il y a de rare et de curieux. Et ce qui est de plus excellent, c'est qu'il n'est nullement chiche de tous ces beaux trésors, mais il les communique et envoie à tous ceux qu'il sçait en être dignes, sans en être prié mesme bien souvent. Aussi est-il recogneu partout pour l'unique fauteur et protecteur de tous lettrez : les aydant de livres, de credit et faveur, et quelquefois mesme d'argent. Sa maison est la retraite et le rendez-vous de tous les gens de merite, principalement de ceux qui passent de France en Italie et d'Italie en France; et n'y a homme de vertu ou de qualité qui fasse ce chemin, sans excepter mesme les princes, ambassadeurs, nonces et agents, qui ne le vienne saluer et prendre de luy instruction et lettres d'adresse...

(1) Les amateurs pourront admirer, à la bibliothèque de la ville de Bordeaux, quelques-uns de ces volumes reliés en maroquin rouge et portant un des deux chiffres de Peiresc indiqués par le *Bibliophile français* cité plus haut. Ces volumes sont : 1. *La pratica di prospettiva, del cavaliere Lorenzo Sirigatti;* Venetia, 1566, in-fol. (*Catalogue* (imprimé) *des sciences*, nº 8256.) — 2. Antonius Giggeius, *Thesaurus linguæ arabicæ;* Mediolani, 1632, 4 in-fol. (*Catalogue* (imprimé) *des Belles-Lettres*, nº 251) : cet exemplaire a appartenu aux Carmes des Chartrons à Bordeaux, qui l'ont inscrit sur leur catalogue en l'année 1726. — 3. *Pausaniæ accurata Græciæ descriptio;* Francofurti, 1583, in-fol. (*Catalogue* (imprimé) *d'histoire*, nº 1326) : il devint la propriété de l'abbé de La Sauve, Charles de Castellan, qui le donna à son monastère, après avoir, en 1678, fait placer ses armoiries sur les plats, au-dessous du chiffre de Peiresc.

« Il est de stature haute et menue : le visage long et melancolique; le poil chastain clair; fort posé et respectueux en sa conversation, mais qui a la mine de se faire fort respecter dans la maison, aïant un certain air imperieux. Ses discours sont libres et gays sans beaucoup de scrupule, quoiqu'il fasse dire tous les jours la messe en sa chambre. Mange fort peu, et ce du mouton bouilli seulement. Dort peu. Son principal exercice sont les livres et les lettres qu'il faut qu'il écrive continuellement : en quoi il garde cet ordre-cy. Il corrige, note et apostille toutes celles qu'il reçoit, puis les fait transcrire dans un registre, comme il fait aussi de toutes celles qu'il envoie; et n'escrit jamais à un lieu, qu'il n'envoie des lettres à tous ceux qu'il y cognoist.

« Dès sa jeunesse il commença cette vie studieuse, et pour ce ne s'est jamais voulu marier, et a toute sa vie haï et mésestimé les femmes. M. du Vair, venant à estre premier president à Aix, gousta tellement son esprit, qu'il l'eut toujours à manger chez luy pendant qu'il fut en Provence; et estant appelé à la Cour à la charge de Garde des Sceaux, il l'emmena avec soy, où il luy fit avoir l'abbaye de Guistre, qui est pres Bordeaux (1). »

Henri de Taleyrand de Grignols, dernier abbé commendataire (2) de Notre-Dame de Guîtres (3) étant mort, Louis XIII

(1) *Les correspondants de Peiresc* : *Jean-Jacques Bouchard; Lettres inédites, écrites de Rome à Peiresc* (1633-1637), *publiées avec notes et appendice, par Philippe Tamizey de Larroque;* Paris, 1881, in-8°, p. 77, 78, 80. L'*Avertissement* placé au commencement de ce volume, fournit au lecteur tout ce qu'il peut désirer savoir sur Jean-Jacques Bouchard, « de tous les correspondants de Peiresc, celui qui mérita le moins l'honneur de son amitié ».

(2) On distingue, en Droit canonique, deux sortes d'abbés : les *titulaires* et les *commendataires*. Les premiers sont eux-mêmes religieux et doivent avoir fait la profession solennelle. Les seconds sont des ecclésiastiques séculiers, pourvus d'un bénéfice régulier avec dispense de faire les trois vœux de religion. Ils sont appelés *commendataires*, du latin *commendare*, parce que, originairement, on leur *confiait* le soin du monastère pendant la vacance du siège abbatial.

(3) *Le Pouillé... de l'Archevesché de Bordeaux et de Saintes* publié en 1648 (Paris, in-4°, p. 4), après avoir classé dans l'ancien archiprêtré de Montandre, au diocèse de Saintes, le prieuré de S. Saturnin de Cercou, ajoute que le patron de ce prieuré est « l'abbé de *saint Guysteres*, diocèse de Bordeaux ». Plus d'un Français, peut-être même plus d'un Bordelais aurait de la peine à deviner que ce *saint* est *sainte* Marie — ou Notre-Dame — de Guîtres ou *Guistres*.

conféra cette abbaye à Peiresc, en l'autorisant néanmoins à conserver le titre et à exercer les fonctions de conseiller au Parlement de Provence. D'après Gassendi, cette nomination eut lieu à l'automne de l'année 1618 (1). Ajoutons qu'elle est antérieure au 23 octobre de cette même année, puisque, ce jour-là, Peiresc écrivait à Aléandre : « M. Eschinardo (2) vous parlera de l'honneur que le roy tres chrestien m'a fait en me nommant à une abbaye dans l'Aquitaine, et de quelques difficultés qui se sont presentées, lesquelles m'auroient porté à y renoncer, sans l'ordre expres du roy (3). » Peiresc avait alors près de trente-huit ans.

Paul V confirma cette nomination, le 5 janvier 1619, par un bref donné à Rome, près Sainte-Marie-Majeure. Peiresc y est qualifié clerc du diocèse de Toulon, et docteur en Droit canonique et civil (4). De même que Louis XIII, Paul V motive principalement le choix du nouvel abbé sur l'intention qu'il a hautement exprimée, de restaurer l'église et les bâtiments du monastère (5) ruinés par les Huguenots en 1570 (6).

Dans quel triste état se trouvait alors l'abbaye de Guîtres, on

(1) « Autumnus fuit ejus anni (1618) cùm nominatus à Rege in abbatem S. Mariæ Aquistriensis in Aquitaniâ. » (Gassendi, *Vita Peireskii*, lib. III, p. 286.) Du Tems est beaucoup moins précis : il se borne à dire que « le roi le nomma à l'abbaye de Guistres *avant l'an 1624* ». (*Le Clergé de France*, t. II, p. 252.)

(2) Eschinard, ou Eschinardo, était un correspondant de Peiresc qui avait quelque emploi dans la chancellerie romaine.

(3) Bibliothèque Méjanes, à Aix en Provence : *Correspondance de Peiresc*, tome XIV, renfermant la traduction (de la main de M. de Mazaugues) des lettres écrites en italien par Peiresc à Aléandre, qui remplissent le tome XIII.

(4) *Petrisco clerico Tolonensi, juris utriusque doctori.* (Archives de l'archevêché de Bordeaux; Registres des Insinuations, année 1619, f. 53.)

(5) « Te ex nobili genere ex utroque parente procreatum, Senatorem in curia Parlamenti Aquensis, necnon ecclesiam et ædificia dicti monasterii maximis reparationibus indigentia, quantùm in te erit, restaurare intendere. » (Registres des Insinuations, *loc. cit.*)

(6) On possédait autrefois, dans les archives de l'archevêché de Bordeaux, une *Attestation de la ruyne de l'église de Guistres par les ennemis du roy en l'an 1570.* Cette pièce est indiquée dans le *Répertoire des titres induits et rangés dans les archives de l'archevêché de Bordeaux, par ordre et commandement de Monseigneur Illustrissime et Reverendissime Henri de Bèthune, Archevesque et Primat d'Aquitaine, avec une table dudit répertoire qui marque les feuillets où sont mentionnés lesdits titres selon la matière qu'ils traitent; fait l'an 1656* »; in-folio relié en maroquin rouge, aux armes d'Henri de Béthune. (Archives de l'archevêché de Bordeaux.)

le verra par la lettre qu'écrivit à Peiresc, le 4 novembre 1618, l'avocat Jean Bommard (1). Homme d'affaires de l'abbé précédent, Bommard, on le sent, a conscience des services qu'il a rendus, et laisse clairement entendre qu'il en peut rendre encore. Tout, dans sa lettre, pensées, style, écriture même, tout est soigné, poli, arrangé en vue de capter la bienveillance du nouvel abbé. Cette remarque a son importance : car ce même Bommard écrira bientôt au bon Peiresc d'un tout autre ton et d'un tout autre style : aujourd'hui, il est tout aux compliments.

« Monsieur ; Comme les affaires du monde vont d'un roullement incertain, nous attendions le succès d'une bonne fortune après le malheur que nous avons reçu en la perte de feu Monsieur notre abbé. L'élection qu'il a plu au Roy de faire de votre personne a tellement soulagé notre attente, qu'il ne nous reste autre dessein que de vous voir en ce lieu pour vous offrir l'obéissance que nous vous devons. Je vous en réponds tout seul pour nos habitants, du consentement desquels je vous rends ce devoir ; et attendant le bonheur espéré de tous, je vous conserveray le thrésor de l'abbaye qui m'avoit été mis en main par deffunt Monsieur de Guistres, pour la repalpe et justification de ses fiefs. Ce sont véritablement de vieux fragmens préservés de l'incendie et fureur des guerres civiles, avec lesquels j'ai donné tel éclaircissement à vos fiefs et tenues durant six années que j'y ai travaillé, que vous aurez sujet d'en être content ; et parce que j'ai

(1) J'ai trouvé écrit tantôt *Boumard*, et tantôt *Bommard*. Raymond, moine de Guîtres et frère de l'avocat, signe très lisiblement, en 1641 : « R. *Bommard*, prieur de Guistres ». (Pièce déposée aux archives de l'archevêché de Bordeaux.) J'ai donc adopté cette dernière orthographe. Jean et Raymond descendaient très probablement de Pierre de Bommard, « conseiller du roi et magistrat en la grande sénéchaussée de Guyenne, » qui après la saisie des biens temporels de l'abbaye de Guîtres en 1578, obtint aux enchères, le 4 juin de cette année, l'adjudication des moulins banniers situés sur le Lary et dépendants de l'abbaye, pour la somme de 2,964 livres tournois. (*Archives historiques de la Gironde*, t. II, p. 406. — Guinodie, *Histoire de Libourne*; Bordeaux, 1845, t. III, p. 317-319.) « Outre ces moulins banniers, la maison de Bommard tenait en fief de l'abbé de Guîtres plusieurs domaines pour lesquels elle lui faisait des redevances et des hommages à des époques déterminées. » (Guinodie, *loc. cit.*, p. 319.)

encore la mémoire fraîche et disposée à tels affaires, et que la surséance et intermission y pourroit apporter du desordre, je vérifierai le restant si vous l'avez agréable, jusques à ce qu'estant en ce lieu, il vous plaise prendre le compte de mes actions. Vous trouverez une abbaye trop ruinée (1), une petite ville et juridiction qui en dépend avec beaucoup de fiefs, le tout, pour le présent, de deux mille livres de revenu, toutes charges faites. Quant aux religieux, il y en a seulement deux, l'un desquels est mon frère. Je vous supplieray de nous aymer, et nous vous souhaitterons, Monsieur, en tres parfaite santé, longue et heureuse vie. Votre très humble et très obéissant serviteur. — BOMMARD. — A Guistres, le 4 novembre 1618 (2). »

Peiresc répondit le 3 décembre suivant :

« Je vous remercie intimement des tesmoignages de bonne volonté que vous me donnez, tant de la part de Mrs les habitants de Guistres que de la vostre. Vous les pouvez asseurer qu'ils trouveront tousjours en moy toute la correspondance qu'ils se peuvent promettre d'un homme de ma condition, et

(1) Une note formant le feuillet 355 du Registre LI (voir la note suivante) donne une idée approximative des bâtiments et dépendances du monastère :

« Mesure de Guîtres et de ses dépendances qu'on a coutume de mesurer et arpenter le terroir et murs.

« La brasse est composée de six pieds de long. Un journal de terre est de 1152 carreaux, chacun carreau d'une brasse à tout carré. La corde avec laquelle les terres sont mesurées est de 24 brasses.

« *Mesure du cloître de l'abbaye.*

« Le cloître a 13 brasses 5 pieds et demi de large.

« Puis la muraille de l'église jusqu'aux murailles du côté de la rivière où est la porte du cloître, a 14 brasses un pied de long.

« Puis la muraille du chai ou habitation de M. le Prieur jusques à la muraille des vieilles masures où il a à présent un cabinet en figure ronde, le chai ou lieu des cuves a 5 brasses un pied de large, 9 brasses de long.

« Un lieu ou ruines contre le presbytère de l'église a 3 brasses 5 pieds et demi de large, et 8 brasses et demi de long.

« Autre lieu joignant du côté de la rivière ayant six brasses un pied de large, et 7 brasses un tiers de long. »

(2) Bibliothèque d'Inguimbert, à Carpentras : Manuscrits de Peiresc, *Correspondants*, t. I, f. 330 : autographe. Tous les documents que je citerai sans en indiquer la source, sont tirés de cette bibliothèque, et principalement du Registre LI des manuscrits de Peiresc, dont presque toutes les pièces concernent l'abbaye de Guîtres.

que je seray tousjours disposé de faire pour eulx tout ce qui sera en mon pouvoir, à ceste fin qu'ils en demeurent pleinement contents et satisfaits ; et pour vostre regard, j'embrasseray tres volontiers toutes les occasions qui se presenteront pour me revanscher des honnestes offres de vostre courtoisie. J'ay esté bien ayse d'entendre le progrez que vous aviez faict, et la justification des fiefs de l'abbaye, et que vous y avez procedé par les voyes ordinaires de droict, et avec la moderation requise pour la satisfaction d'un chascun. Vous me ferez un singulier plaisir de m'envoyer un petit estat abregé de ce que vous y avez faict jusques à present et de ce qui reste à faire, ensemble un petit inventaire des tiltres et documens qui avoient esté remis par devers vous pour cest effect, avec l'extraict du traicté que vous en aviez faict avec deffunct M. l'abbé, que Dieu absolve ; et après, nous verrons d'y prendre les resoluts les plus advantageux que nous pourrons, tant pour vous que pour le bien de l'Esglise et conservation de ses droicts. Je vous prie de m'en donner des nouvelles le plus tost que vous pourrez, et de vous asseurer que vous m'obligerez à estre à jamais, etc. (1). »

Cette lettre fut écrite à Paris où Peiresc résidait alors. Il donna procuration le 4 février 1619, à Jean Castaigne, prêtre religieux de Saint-Jean de Jérusalem, pour prendre possession de l'abbaye de Guîtres. Le mandataire s'acquitta de sa commission le 30 mars 1619 (2).

Depuis longtemps, ce pauvre monastère n'avait point ou presque point de religieux. Lorsque le cardinal de Sourdis était allé, en 1609, faire la visite de Guîtres, il avait trouvé dans l'abbaye un vicaire perpétuel et deux prêtres qui, sans être astreints à un service régulier, se bornaient à dire Matines et Laudes quatre fois par an, aux quatre fêtes principales. L'un d'eux était en même temps chargé du service paroissial de Bayas. Le cardinal ordonna que, dans l'espace de six mois, l'abbé enverrait à Guîtres autant de religieux qu'il y en avait

(1) Registre LI des manuscrits de Peiresc, fol. 7 (autographe.)
(2) Registres des Insinuations, 1619, f. 53.

anciennement; qu'il y entretiendrait quatre prêtres et deux clercs pour les servir; que le chœur et l'autel de l'église seraient réparés, et que Bayas aurait un vicaire perpétuel. Mais alors, comme aujourd'hui, il était plus facile de faire des ordonnances que d'en obtenir l'exécution; il était surtout plus aisé de chercher des moines, au moins de bons, que d'en trouver.

Il y en avait deux à Guîtres lorsque Peiresc en devint abbé. L'un, nommé Jean Rouibe, était honoré du sacerdoce. Quoiqu'il ne fût ni abbé ni prieur du monastère, il avait, le 3 juillet 1616, reçu à la profession un jeune homme de Périgueux, appelé Bernard Fournier, que son père avait forcé à prendre l'habit de saint Benoît le 6 janvier 1615. Jamais ce jeune homme n'avait eu le désir d'embrasser la vie religieuse; il n'en portait même pas l'habit, et après comme avant ses soi-disant vœux, il continuait à habiter la maison de sa mère à Périgueux. Aussi, en 1620, le cardinal de Sourdis, sur l'avis de sa congrégation, c'est-à-dire de son conseil, déclara-t-il la profession de Bernard Fournier nulle, abusive et contraire aux saints canons. La sentence fut portée après enquête juridique faite par le curé de Coutras, et sur les dépositions recueillies par l'official du diocèse de Bordeaux, lequel entendit plusieurs témoins, et spécialement Raymond Bommard, religieux profès de l'abbaye (1).

Celui-ci, d'après une note de Peiresc, était entré au monastère de Guîtres, en 1614 (2). Un bref du Pape Paul V, daté de Rome le 28 décembre 1618 et visé par le cardinal de Sourdis le 7 mars 1619, lui avait conféré la sacristie, c'est-à-dire un des offices claustraux de l'abbaye (3). Cependant, lorsque Peiresc en prit possession quelques jours après, Raymond Bommard n'avait pas encore reçu les ordres sacrés. Peiresc l'engagea à se faire ordonner, et en même temps tâcha de gagner son affection par ces aimables paroles qu'il adressa de Paris, le 28 avril 1619, à son frère l'avocat :

(1) Archives de l'Archevêché de Bordeaux.

(2) Registre LI, fol. 215.

(3) Archives de l'Archevêché de Bordeaux; *Regestum collationum*, 1619, f. 32.

« Pour Monsieur vostre frère, qu'il se resolve seullement bientost à prendre les ordres sacrés et à vacquer soigneusement au service de mon esglise, et qu'il s'asseure qu'il ne luy manquera point d'employ, et dans les plus honorables charges du monastère, car vostre mérite et mon inclination m'y obligent activement. Voire en s'en acquittant dignement, comme je me le promets de son bon naturel et de vostre entremise et bonnes persuasions en son endroict, il faut qu'il s'asseure que nous aurons possible le moyen de faire pour luy encore quelque chose de meilleur hors du monastère, s'il y eschoit (1). »

Raymond Bommard se convainquit bientôt que l'on pouvait compter sur la parole et se fier aux promesses de l'excellent Peiresc. Le prieuré de Saint-Genis de Lugon, situé dans le diocèse de Bordeaux et dépendant de l'abbaye de Guîtres, étant devenu vacant par la mort de Pierre de Gaufreteau, clerc du même diocèse, Jean Castaigne, d'accord avec Peiresc qui l'avait fait son vicaire général, conféra ce bénéfice à frère Raymond Bommard, lequel en prit possession le 28 septembre 1619 (2). Telle est, apparemment, la raison pour laquelle l'abbé de Guîtres écrivant le 28 juin 1620 à Bommard le moine, l'appelle « Monsieur le Prieur (3). »

Le 7 mai de cette même année 1620, Vitalis, vicaire perpétuel de l'abbaye pour la paroisse de Guîtres, ayant résigné son bénéfice entre les mains du cardinal de Sourdis, Guillaume Parran, prêtre du diocèse de Rodez, en fut pourvu par l'archevêque de Bordeaux, sur la présentation de Castaigne, vicaire général de l'abbé. Toutefois, lorsque Parran voulut prendre possession, Castaigne s'y opposa, « à cause, dit Parran dans la lettre qu'il écrivit à Peiresc le 9 septembre 1620, à cause qu'au titre que Mgr le Cardinal m'avoit faict, ne paraissoit pas vostre consentement. C'est pourquoi je vous voudrois supplier l'agréer, d'autant que tous les habitants

(1) Registre LI, fol. 8.
(2) Registres des Insinuations, 1619, f. 58.
(3) Registre LI, fol. 8.

sont fort contents de mon service, et que moyennant la grâce de Dieu, je désire m'en acquitter à mon honneur et au salut des âmes que j'ay sous ma charge. Monsieur, la bonne espérance que j'ay de votre grandeur par l'assurance que tout le monde m'en a faict, m'a plutôt porté à prendre ce party que toute autre considération (1). »

Guillaume Parran reçut sans doute de Peiresc une réponse satisfaisante, car il exerça les fonctions de vicaire perpétuel de Guîtres jusqu'à sa mort, qui arriva vers le milieu de l'année 1621. Il eut pour successeur, le 25 août de cette même année, Guillaume Bidonne, prêtre du diocèse d'Auch, qui fut présenté par Peiresc, et examiné en congrégation par les vicaires généraux du cardinal de Sourdis. Bidonne ayant ensuite résigné purement et simplement son bénéfice, on nomma à sa place, le 6 juillet 1624, Jean Bernard, prêtre du diocèse de Limoges (2).

CHAPITRE DEUXIÈME

Peiresc cherche à introduire la réforme dans son monastère. — Le P. Du Val est nommé prieur claustral. — Opposition des frères Bommard. — Noble fermeté de Peiresc.

Travailler à la restauration de l'édifice matériel et plus encore de l'édifice spirituel de son abbaye, tel sera le but constant des efforts du pieux abbé de Guîtres jusqu'à la fin de sa vie.

Pour obtenir cet heureux résultat, il fallait commencer par mettre à la tête du monastère un prieur capable de le bien gouverner, et d'entraîner les religieux à la perfection par ses

(1) Bibliothèque d'Inguimbert, *Correspondants de Peiresc*, t. II, f. 521.
(2) Archives de l'Archevêché de Bordeaux : *Regestum collationum*, f. 71, 283.

bons exemples. A cette fin, Peiresc s'adressa au Général de la congrégation des Bénédictins appelés *exempts* (1), à laquelle l'abbaye de Guîtres paraît avoir été dès lors réunie (2). On donna à l'abbé un religieux de l'abbaye de Caunes, au diocèse de Narbonne (3), nommé Jean Margalet Du Val. C'était un homme très versé dans la science théologique, *apprimè in explicandis theologiæ arcanis instructum* (4), « et pour ses bonnes mœurs, sa vertu et ses rares mérites, recherché en diverses maisons de la congrégation des Bénédictins (5) ».

Il avait d'abord embrassé l'ordre des Capucins; mais sa santé délicate ne lui permettant pas d'en suivre la règle, un bref de la Sacrée Pénitencerie l'avait autorisé à passer dans l'ordre de Saint-Benoît. Il fut admis dans l'abbaye de Caunes, et il y reçut l'habit bénédictin des mains de Dom Jean d'Alibert, abbé régulier de ce monastère et visiteur général des Bénédictins de la nation française (6).

Ce fut aussi entre ses mains et dans le monastère de Caunes, que le P. Du Val fit solennellement profession de la règle de Saint-Benoît. Il reçut ensuite de l'abbé de Caunes

(1) Sur cette branche de l'Ordre bénédictin, voir Hélyot, *Histoire des ordres monastiques, religieux et militaires;* Paris, 1718, t. VI, p. 253 et suiv.

(2) « Abbatiæ de Guistres, *nostræ congregationi unitæ* », dit l'abbé de Caunes dans les lettres par lesquelles il nomme le P. Du Val prieur claustral de Guîtres, le 28 mai 1623 (Registre LI, f. 139). Les auteurs du *Gallia christiana* (t. II, col. 878) se trompent très probablement quand ils donnent Guîtres comme faisant partie de la congrégation ou ordre de Cluny. Peut-être, en écrivant leur notice sur cette abbaye, avaient-ils sous les yeux l'acte par lequel Richelieu avait exprimé sa résolution de réunir toutes les abbayes bénédictines en une seule congrégation. Quoi qu'il en soit, Guîtres ne figure pas dans la liste des abbayes et prieurés de Cluny donnée par D. Marrier. (*Bibliotheca Cluniacensis;* Parisiis, 1614, in-fol., col. 1705 et seq.)

(3) M. Louis Béziat a publié en 1880, à Paris, l'*Histoire de l'abbaye de Caunes, ordre de S. Benoît, au diocèse de Narbonne, d'après les documents originaux* (in-16 de XVI-244 pages). Ce livre, louable sur bien des points, mérite malheureusement sur beaucoup d'autres la critique qu'en a faite le R. P. D. Piolin dans le *Polybiblion.* (T. XXIX, p. 418-420.)

(4) Expressions dont se sert l'abbé de Caunes dans les lettres citées plus haut.

(5) Registre LI, fol. 149 : *Instructions pour consulter pour le prieuré claustral de Guistres;* juin 1626; autographe de Peiresc.

(6) Touchant D. Jean d'Alibert, cfr. *Gallia christiana*, t. VI, col. 184; Béziat, *op. cit.*, p. 182, 183. Jean d'Alibert avait, à Carcassonne, un frère auquel Peiresc écrivit, après la mort de l'abbé de Caunes, pour se « condouloir » avec lui de « la grande perte » qu'il avait faite. (Registre des minutes de Peiresc, t. I, f. 290.)

des lettres qui le plaçaient à la tête du monastère de Guîtres en qualité de prieur claustral; et Peiresc, alors à Paris, confirma cette nomination, et fit en même temps le P. Du Val son vicaire général pour toutes les affaires de l'abbaye (1).

Dès que Peiresc fut assuré de l'envoi d'un prieur à Guîtres, il se hâta de lui préparer les voies en disposant les esprits à le bien recevoir, et il écrivit au moine Bommard la lettre suivante datée de Paris, le 18 juin 1622 :

« Monsieur Bommard; Vous m'avez tousjours donné tant d'esperance de vouloir bien faire quand l'occasion s'en presenteroit, que je ne doute point que vous ne l'embrassiez de bon cœur à cette heure qu'elle s'offre si belle et si convenable. Celuy que le R^{me} Pere General de vostre ordre et moy envoyons Guistres est recommandable de tant de pieté et bonté, que vous n'aurez point de difficulté de vous y soubsmettre, ayant la bonne inclination que vous avez de vostre naturel porté au bien, et luy la doulceur qui obtiendra bientôt de vous tout le respect qu'un propre pere pourroit obtenir, et que vous l'aymerez bientost cordialement, comme je m'asseure que, de son costé, il vous aymera tous d'une amytié paternelle, et qu'il ne vous obligera à rien que vous ne trouviez bien facile avec la bonne volonté que vous monstrez avoir. Je vous en prie de tout mon cœur, et de croyre que vos peines ne seront pas perdues devant Dieu ne devant les hommes (2). »

Dans une autre lettre écrite le même jour à l'avocat Bommard, Peiresc lui exprime l'espoir qu'il engagera son frère à se « soubsmettre aux bons conseils et façon de vivre » de celui qui est envoyé « pour introduire quelque ordre dans l'abbaye ».

Un prieur dont le nom et l'origine étaient encore un mystère et auquel il faudrait se « soubsmettre », ce n'était pas là ce qu'avaient rêvé les frères Bommard. Tous deux ambitionnaient la charge de prieur claustral : l'avocat la désirait pour son frère; le moine la voulait pour lui-même. Voici, en effet,

(1) Registre LI, fol. 139.
(2) Registre LI, f. 19.

ce qu'on lit dans un mémoire autographe que Peiresc composa le 12 juin 1626 :

« L'avocat Bommard s'est toujours tant presumé de soi-même, qu'ayant jeté le moine Bommard son frere dans l'abbaye de Guistres, il s'étoit imaginé non seulement qu'il pourroit engloutir la plupart des benefices qui en dependent (comme il en a fait expédier des impetrations d'un grand nombre sous le nom de son frere), mais qu'il en gouverneroit à sa guise tout le spirituel et le temporel, et qu'il y feroit non seulement les fonctions d'abbé et de seigneur, mais de tyran. Pour y parvenir, outre ses impetrations de plusieurs particuliers benefices, il avoit fait impetrer aussi le prieuré claustral, et poursuivi l'expulsion de tous les autres religieux, afin que son frere se trouvant seul, il pût par nécessité prendre la fonction de cette charge, bien que du tout incompatible avec son incapacité, et peu à peu parvenir encore au vicariat general. Sous laquelle esperance, il fit semblant de se joindre audit sieur abbé, et de lui rendre suspects tous ceux qui n'étoient pas de son haleine et de vouloir espouser tous ses interets (1). »

Et de fait, « il s'est trouvé, dit encore Peiresc dans un autre mémoire, que ce moine discole avoit obtenu en cour de Rome deux provisions du prieuré claustral, l'une ancienne, laquelle il n'osa mettre en évidence pour ne l'avoir exhibée en temps et lieu, et pour n'y avoir fait mention de deux autres prieurés qu'il possédoit dependants de la mesme abbaye, que l'on jugeoit incompatibles avec ledit prieuré claustral, s'il n'y avoit expresse dispense de le retenir conjointement avec iceulx. L'autre provision étoit plus recente et possible en meilleure forme; mais (le moine Bommard) s'estant presenté à l'Ordinaire pour avoir son *visa*, il fut examiné et trouvé si incapable qu'il fut refusé, et lui fut concedé acte de son

(1) *Memoires qu'il fauldra tascher de faire voir à Mgr le cardinal touchant les maulvais desseins du moyne Bommard et de son frere, et les desordres et dissensions par eux semées et introduites dans l'eglise et paroisse de Guistres avec ses dependances de Bayas, et les moyens de restablir la concorde en employant messire Joseph Fauchier, prestre de Provence, le plus tost que faire se pourra.* Registre LI, fol. 405.

refus pour incapacité. Il a depuis tenté de se pourvoir par devant un autre evesque des plus prochains dans sa province pour obtenir son *visa;* mais on croit qu'il ne l'a pas eu, puisqu'il ne l'a exhibé ni fait aucun acte apparent possessoire (1). »

Des gens pratiquant de telles manœuvres et animés de pareilles dispositions ne pouvaient accueillir favorablement un projet qui déjouait tous leurs calculs et ruinait toutes leurs espérances. Est-ce que, d'ailleurs, le moine Bommard ne connaissait pas les statuts de l'Ordre? N'était-il pas aussi capable qu'un autre de les faire observer? Et puis, le dessein avoué par Peiresc d'introduire la réforme dans l'abbaye de Guîtres, ne cachait-il pas la secrète pensée d'en chasser le moine Bommard — qui, évidemment, ne voulait pas de la réforme — et de le laisser sans ressource? Telles sont les principales objections que l'avocat Bommard opposoit aux lettres écrites à lui et à son frère le 18 juin 1622. Peiresc répliqua, le 27 juillet suivant, avec autant de bon sens que de noble fermeté.

« Au surplus, je vous sçay bon gré des belles offres que vous me faictes de la part de M. vostre frere, et voudrois bien qu'il fust en l'estat de faire une partie de ce que vous me mandez; mais puisque, dans quattre ans, je nay peu obtenir qu'il se soit seulement mis aux ordres sacrez, j'ay bien de la peine à croire qu'il soit si bien entendu aux statuts de son Ordre, comme vous m'escrivez; car ceste intelligence se prend plus de la pratique et de l'accoustumance que de la naissance et de la simple lecture d'iceulx. Et quand on les auroit apprins par cœur et mot à mot, c'est bien peu de chose si on ne les a pas pratiquez, attendu la difference qu'il y a de les prescher ou de les observer. Quand, de son costé, il se mettra en estat d'estre employé, il se peut asseurer que je le feray tres volontiers, et qu'il aura autant d'occasion de se louer de ce que je feray pour lui, comme il m'en donnera en portant pour

(1) *Instructions pour consulter pour le prieuré claustral de Guistres;* Registre LI, fol. 149.

l'amour de Dieu et de son Ordre, et pour l'amour de moy, tout l'honneur et tout le respect qu'il pourra à M. Du Val, son prieur et superieur immédiat.

« Quant à la reiforme, c'est la verité que si les revenus de l'abbaye eussent peu porter l'establissement d'une douzaine de religieux lorsque ces Messieurs de Bordeaux faisoient tant les mauvais, je l'y eusse possible introduite de tres bon cœur; mais les fonds y manquant, il a fallu songer à autre chose et à moyenner que ce peu qui se pourroit entretenir y feussent pour vacquer au service divin un peu mieux qu'il n'avoit esté cy devant; et ce sera pour cela que le R. P. Du Val, que j'ay choisy pour cest effect, aura dict qu'il desiroit introduire des *reformés*, c'est-à-dire des religieux qui soient résolus de vacquer au service divin et non autres, et qui se veuillent ranger à un peu de discipline monastique. Si M. vostre frere en a une fois esprouvé la pratique, encore qu'il y trouve quelque repugnance au commencement, il en recevra par après tant de consolation, qu'il ne voudroit pour rien du monde estre à recommencer, et se fera rechercher de tous les costez pour les plus honorables charges de l'Ordre. Je vous prie d'y contribuer de vostre costé tout ce que vous pourrez, vous asseurant qu'il n'y a rien au monde en quoy vous et luy me puissiez plus obliger que celle là, parce que ce sera la descharge de ma conscience et de la sienne tout ensemble, et oultre son merite devant Dieu, j'espere pouvoir faire naistre des occasions de m'en revancher en son endroict et au vostre, et sur ce, je demeure vostre tres affectionné serviteur (1). »

Au lieu d'écouter la foi et la raison qui parlaient si éloquemment par la bouche de l'abbé de Guîtres, l'avocat Bommard se voyant « sevré de son esperance par l'establissement du bon Père Dom Du Val en l'exercice de l'une et de l'autre charge de vicaire general et de prieur claustral, n'y pouvant trouver autre chose à redire, il lui reprocha qu'il n'avoit pas assez bonne voix pour le chœur et que son frere l'avoit bien

(1) Registre LI, f. 20.

meilleure : il lui suscita tout plein de petites traverses et mecontentemens sous main, pour le degouster et lui faire perdre l'envie de s'arrester en ce lieu là, tenant encore bonne mine envers l'abbé, attendant de le reduire, par ses artifices, à passer par ses mains (1). »

Mais la passion ne sait pas longtemps se contenir. L'avocat Bommard se permit au sujet du P. Du Val un langage tel, que, le 9 septembre 1622, Peiresc dut lui envoyer de Paris la lettre suivante, une des plus sévères assurément, et aussi, je n'en doute pas, une des plus belles qu'il ait jamais écrites :

« Pour le surplus de vos lettres, j'aurois bien à me plaindre de vous, et si nous n'estions si esloignez l'un de l'autre, je m'asseure que vous auriez grand honte de ce que vous m'escrivez, quand je vous l'aurois leu en vostre presence, et que je vous aurois faict prendre garde des justes occasions que vous m'y avez donné de ne prendre pas en bonne part des discours si malseants et pleins de tant de mespris envers moy, qui ne suis pas sans quelque droict de pretendre du respect de vous, tandis que vous habitez dans mes terres et que vous vous meslez de mes affaires. Vostre frere, le religieux, m'en a escript une qui est encore pire, et à laquelle je ne sçaurois faire de responce, que je ne me misse en cholere contre luy, qui est obligé encore plus estroictement que vous. C'est pourquoy je m'en suis abstenu jusques à ceste heure, attendant s'il ne se recognoistra pas de lui-mesme. Je ne vis jamais parler un religieux à son superieur avec telle impertinence; car il n'y manque quasi rien que de mettre les armes à la main. Après cela, puisqu'il s'est laissé aller à me porter si peu de respect, à moy à qui il avoit plus d'obligation qu'il ne s'imagine, je ne m'estonne plus s'il n'en a pas peu porter au R. P. Du Val qu'il estime si peu. S'il en avoit la cognoissance que j'en ay, il le venereroit comme son père; et quand je l'avois asseuré de son mérite par mes lettres, il le debvoit croire, sans s'en enquerir davantage; et quand il luy eust sem-

(1) *Memoires..... touchant les maulvais desseins du moyne Bommard.* Registre LI, f. 405.

blé autrement, avant que faire aucun fondement et avant que contrevenir aux salutaires conseils que je lui avois donnez, il debvoit laisser passer quelque temps pour voir s'il ne prenoit point luy mesme de besveue en tels soupçons plus tôt que moi. Jamais il n'y eust d'amytié ni de bienveillance qui ne fussent reciproques, et c'est à l'inferieur à commancer envers son superieur par toute sorte d'honneur et de defference. Si cet homme eust eu intention de le traicter par les voyes de la rigueur, vous sçavez bien de combien de sortes il eust peu proceder pour le ranger à son debvoir, ayant un si legitime pouvoir qu'il avoit de moy et du R. P. General. Et au lieu de tout cela, il s'est tenu dans une modestie quasi honteuse à un homme qui avoit l'authorité qu'il avoit, sur ceux qui en parlent si mal discrettement. Mais ce sont des effects ordinaires du diable, qui ne peut souffrir que les serviteurs de Dieu viennent à bout de l'establissement de quelque ordre ou discipline dans cette maison desolée, et qui suscite des gens perdus pour aller souffler à vos oreilles et à celles de vostre frere, pour vous aliener de ce bon pere qui ne respire que le salut de son prochain en toute sorte de tranquillité et de doulceur. Quand je vous en asseure, je pense estre assez bon garant; mais je vois bien que vous ne me recognoissez non plus que luy, car vous vous garderiez bien de me desdire de la sorte, et ay bien de la peine à croire que vous ayiez tant d'affection pour moy comme vous dictes, puisque vous ayant recommandé ce bon homme, comme j'ay fait, à l'esgal de ma propre personne, vous n'avez pas quasi eu le loisir de le voir, que vous avez escouté toutes sortes de songes et resveries contre luy, que je ne puis non plus croire, que si l'on me vouloit persuader qu'il fust jour en plein minuit, parce que je ne suis pas moins asseuré de l'impossibilité de l'un que de l'autre. Enfin, il n'y a qu'un mot à tout cela : qui m'aymera me le montrera, et specialement en aymant ce que j'ayme, et ce bon pere plus que moy mesme; et qui ne me vouldra aymer, sçaura mieux l'advantage qu'il aura perdu après ce coup, que tandis que je le tiens pour estre de mes amys. Car je ne suis pas encore si inutile au monde que des gents mesmes qui ne tinssent rien de moy, ne fissent quelque capital de mon amytié; à plus forte raison mes tenanciers, et un religieux qui ne peut honnestement nier d'estre au dessoubs de moy, et par consequent au dessoubs de ceulx qui representent ma personne et celle du chef de l'ordre; et un religieux que son superieur a conjuré, avec tant de doulceur et de charité paternelle, à defferer amiablement à celuy à qui de droict il estoit tenu de defferer... Vous y adviserez, et Dieu, qui est par dessus disposera, s'il luy plaist, toutes choses à ce qui sera pour le mieulx. Nous sommes tous hommes; et quand il seroit eschappé quelque chose d'humain à ce bon pere, — ce que je ne crois pas, — avant qu'estre si prompt à la censure, il faut examiner soi même; car il n'y a rien de si laid que de voir un religieux qui n'a jamais eu le courage de se presenter aux ordres et qui n'a jamais demeuré dans un cloistre, vouloir juger du deffaut de simplicité, pieté et bonté d'un ancien religieux norry à tous les exercices qui peuvent rendre recommandable un homme de sa condition; et ce, sur des chimères, car je ne pense pas que les discours que vous vous en estes laissé faire soient véritables; et quand ils le seroient, je ne vois pas qu'il ait commis un bien grand crime. C'est aux effets, non pas aux paroles, qu'on doit juger du cœur. Nous attendrons ceux que vous avez tant de fois promis (1). »

Comme par le passé, l'avocat Bommard demeura sourd aux paroles de l'abbé de Guîtres. Il persista dans ses récriminations contre le P. Du Val, et s'attira de la part de Peiresc une nouvelle réplique. Elle est datée de Paris, 15 octobre 1622, et laisse voir assez clairement les impertinences tombées de la plume de l'avocat Bommard.

« Comme j'ay entendu volontiers que vostre frere ait prins le subdiaconat depuis si longtemps, ce que je n'avois pas encore sceu, j'ay esté bien marry de voir que vous persistiez en si grande alienation d'avec le bon Pere Du Val que ne

(1) Registre LI, f. 21.

cognoissez nullement, et que vous n'avez pas voulu cognoistre, à ce que je puis comprendre de vos lettres, n'ayant tenu qu'à cela que vous ne l'ayez aymé autant et plus que je pouvois desirer. Vous vous imaginez que je vous aye faict un grand tort de trouver à redire aux lettres que vous m'avez escrittes contre luy, comme si je vous ostois la liberté de vous en plaindre à moy; et certainement, si vous estiez demeurés, et vous et votre frere, dans les termes des simples plaintes, je ne l'aurois pas trouvé si mauvais comme j'ay faict; mais vous estes bien passé plus oultre, et n'avez pas mis le remède à ma disposition comme vous dites, ains le vous estes réservé, tout de mesme que vous eussiez parlé à des gents qui fussent au dessoubs de vous, et dont vous ne vous sousciassiez pas de perdre l'amytié; ce qu'un autre que moy eust bien prins en beaucoup plus mauvaise part que moy. J'ayme mieux ne vous en pas dire le detail, que prendre la peine de chercher vos lettres, crainte de me mettre en aussi mauvaise humeur, comme elles me mirent quand je les receus.

« Vous dites que le P. Du Val a menassé vostre frere de luy faire quitter un benefice et de le cloistrer, et prenez cela pour un si grand crime que, s'il avoit voulu mordre la lune, il n'auroit pas pu faire une proposition plus temeraire ni plus indigne d'un homme d'honneur et de jugement. Certes, si vostre frere estoit autre que moyne profes, il pourroit abhorrer le cloistre tant qu'il voudroict sans scandaliser personne; mais s'y estant soubmis comme il a fait devant Dieu et le monde, quelque excuse et quelque descharge qu'il en puisse pretendre, il n'y est pas moins obligé selon Dieu et sa conscience, estant jeune, fort et robuste comme il est. Et si son superieur luy en a parlé, il ne luy peut avoir faict en cela non plus de tort que feroit un bon curé à un de ses paroissiens de quitter son pesché, soit concubine ou inimitié mortelle. Vous disiez autrefois que vostre frere estoit si cappable de mettre la reformation dans ce pauvre monastere; et comment la persuadera-t-il à d'autres, si seulement d'ouïr parler d'un cloistre il se cabre et tous les siens, comme si on luy arrachoit les yeulx?

« Vous dictes de plus qu'il l'a menassé de lui faire quitter un benefice et en faictes vostre cause vous aussy, comme vous y estant bien engagez l'un et l'autre, vous plaignant de cela comme s'il vous ostoit le pain de la bouche, ou le couvert de vostre maison, et comme s'il parloit de vous chasser du bien que vous pourriez avoir acheptè. Vous voulez qu'un homme qui ne faict qu'arriver en un lieu, sache ou devine toutes vos affaires de plusieurs années, sans que vous luy en parliez, et que, voyant un moyne qui a deux benefices incompatibles soubs un bonnet, il ne puisse pas dire que, selon le droict et la raison, il en faut opter un et laisser l'autre : ce que vous prenez pour le plus grand outrage qui se fit jamais et le plus insupportable, alleguant pour touttes vos raisons, que vous y avez despencé 2,000 francs (ce qui est grandement recevable en droict et encor plus en hommes de conscience, comme sont ceulx dont peut user un superieur envers ceulx qui luy sont soubmis dans l'Eglise.) Si vous ne disiez cela qu'à luy, il se pourroit imaginer que c'ayt esté chose si forcée que, pour le bien du service de Dieu et de l'église, il ayt fallu passer par ce mauvais pas, comme quand on fondoit les calices pour racheter les esclaves. Mais quand vous m'escrivez cela à moy de sang froid, qui ne puis ignorer comment toutte cette affaire s'est passée, j'admire grandement de voir que vous vous flattiez de la sorte, et que vous me teniez pour avoir si peu de memoire ou si peu de jugement. Car vous savez bien que s'il vous a cousté de l'argent, c'est que vous l'avez ainsi voulu pour vostre plaisir...

« Ce que vous trouvez à redire en la voix du P. Du Val est grandement à plaindre ; mais ce n'est pas cela qui porte dans le ciel ne les prières ne l'âme de ceulx qui prient ; c'est la sincerité du cœur, et la bonne vie qui vault un million de fois mieux que les plus mélodieuses voix du monde. S'il n'y a des bonnes voix pour soustenir le chœur, on chante plain. Je suis d'advis qu'il officie sans aucun chant, comme font la plus part des religieux et les mieux refformés, pour avoir plus de soing de mediter aux sens mystiques de ce qu'ils psalmodient, que d'observer les cadences du chant. Je loue le soin de vostre frere d'avoir si bien apprins à chanter, mais j'aymerois bien mieux qu'il sceust bien dire la messe et se contenir dans une bonne vie exemplaire, que de le voir sauter aux nues pour ouyr seulement parler d'un cloistre. Ce n'est pas le chant qui rend les eglises bien servies quand le nombre requis de messes y manque, l'un estant de necessité, et l'autre seulement de bienseance (1) ! »

Cette lettre ne mit pas fin aux tracasseries des frères Bommard. Mais avant d'en raconter la suite, il faut faire connaître les embarras suscités en même temps d'un autre côté au dévoué et courageux abbé de Guîtres.

CHAPITRE TROISIÈME.

Lettre de Peiresc au cardinal de Sourdis.

On n'apprendra pas sans quelque surprise, que le cardinal de Sourdis, ce Charles-Borromée de la France, comme on l'a quelquefois appelé, ambitionna longtemps l'honneur d'ajouter à ses titres d'archevêque de Bordeaux et de prince de l'Église, celui d'abbé de Notre-Dame de Guîtres (2). Il n'est pourtant pas possible de révoquer en doute l'existence et même la persévérance de ce désir qui, joint au caractère entreprenant du cardinal, expliquera suffisamment sa conduite à l'égard des officiers de Peiresc. Celui-ci, dans un écrit composé le 5 février 1628, s'exprimait ainsi :

« Dès qu'il eut plu au roi de nommer le sieur de Peiresc à l'abbaye de Guistres, celui-ci ne manqua point d'en donner avis au cardinal de Sourdis, archevesque diocesain de ladite

(1) Registre LI, f. 23, 24.

(2) Il faut charitablement penser que le cardinal convoitait cette abbaye uniquement pour y établir la réforme, dont elle avait, en effet, grand besoin.

abbaye, qui avoit de longue main faict l'honneur au sieur de Peiresc de l'advouer pour son serviteur tres humble.

« En même temps, Peiresc le fit semblablement entendre à M. le marquis d'Alluye (1), qui lui faisoit pareillement l'honneur de le tenir pour son serviteur. Lequel seigneur marquis d'Alluye fit sentir au sieur de Peiresc que ladite abbaye pourroit bien être à la bienseance du seigneur cardinal son frère ; à quoi le sieur de Peiresc ne manqua point de faire les plus honnestes reponses qu'il lui fut possible; savoir est, qu'il seroit toujours prêt de l'en accommoder, moyennant recompense et permutation de quelque autre petit benefice de pareille valeur à peu près.

« Ces Messieurs eussent desiré d'en traiter moyennant une reserve de pension ; ce que le sieur de Peiresc n'estima pas pouvoir accepter, et s'en excusa le plus honnestement qu'il lui fut possible.

« Ledit cardinal en fit ensuite lui-même quelques ouvertures durant l'assemblée du Clergé (de 1625) au sieur prieur de Roumoules (2), lequel lui fit à peu pres la mesme reponse de la part du sieur de Peiresc, qui ne crut pas pouvoir accepter de tels partis, et a souffert fort patiemment de fort grandes persecutions, dont on a usé contre lui et contre ceux qui avoient charge de ses affaires, bien souvent de la part des officiers dudit seigneur cardinal, et quelquefois sous son propre nom, emprunté sous des pretextes qui bien souvent sembloient estre évitables, si on eust voulu (3). »

L'explication et le commentaire de ces dernières paroles sont dans cette longue et belle lettre que Peiresc écrivit au cardinal de Sourdis, le 6 novembre 1622.

(1) Charles d'Escoubleau, marquis de Sourdis et d'Alluyes, frère aîné du cardinal, mort à Paris, le 21 décembre 1666, âgé de soixante-dix-huit ans.

(2) Denis Guillemin, homme d'affaires de Peiresc, dont il sera parlé plus loin.

(3) *Instructions à M. le Prieur de Roumoules, sur les négociations qu'il peut avoir à faire avec Mgr le cardinal de Sourdis de la part du sieur de Peiresc, abbé de Guîtres 370*; Registre LI, fol. 370.

« Monseigneur,

« J'ay apprins par M. Perissac (1) les tesmoignages que vous luy avez donnez de la bonne volonté que vous daignez avoir en mon endroict. Ce qui m'oblige de vous en rendre toute sorte de trez humbles remerciments comme je faicts avec les deües submissions. On nous avait faict esperer que vous seriez bientost en cette ville (2), et je vous y attendois en bonne devotion pour vous faire de vive voix la supplication que je me suis resolu de vous faire maintenant par escript (puisque j'entends votre venüe estre retardee), à ce qu'il vous plaise, Monseigneur, de recevoir deux ou trois bien justes plaintes que j'avois à vous presenter, du mauvais traictement que j'ai receu tout d'un coup de vos officiers sur le poinct de vostre retour d'Italie, en deux ou trois diverses occasions bien sensibles à une persone qui n'espargne rien pour s'acquitter dignement de son debvoir; me promettant que vous ne refuserez pas de m'ouyr et de peser la justice de ma cause, contre ce que pourroit avoir desguisé l'artifice de ceux qui ont interest d'acquerir la reputation qu'ils affectent d'un grand zeelle à l'accroissement de vos droicts et prerogatives. Lesquels ne s'advisent peult estre pas, qu'il peult passer si avant, qu'il excede les termes d'un vray zeelle de pieté, pour tenir et de l'indeüe usurpation et de l'oppression, qui ne sont pas bien compatibles avec la charité chrestienne.

« J'ay esté assez long temps aprez, pour purger la pauvre église de Guistres (qui m'a esté commise) des Religieux qui

(1) Peyrissac, natif du Limousin, vicaire général du Cardinal de Sourdis, et sous-doyen en l'église Saint-André de Bordeaux (*Chronique Bordeloise, par Jean de Gaufreteau;* Bordeaux, 1878, tome II, pag. 104, 116). Il en est parlé dans mes *Mélanges de biographie et d'histoire* (Bordeaux, 1885, in-8°), pag. 34, 125-127, 130-132, 257, 538.

(2) Paris, d'où la lettre est écrite.

ne monstroient aulcune disposition d'y edifier jamais leur prochain, pour y en subroger de ceux qui sont mieux intentionnez, et mieux disposez à vivre selon la bonne discipline reguliere. J'estois enfin venu à bout de mon dessein, sinon d'y mettre de ceux de la Congregation de Verdun (1), à faute de revenu competant; au moings des plus resolus à bien vivre qui fussent dans la congregation des Benedictins de vostre province et aultres d'all'entour. Dont le R. P. General m'avoit donné l'un des meilleurs religieux et des plus doctes de tout son ordre, mais (ce qui est le principal) homme de trez bonnes mœurs et vie exemplaire, qui ne respiroit rien tant que de treuver un lieu où il peust practiquer ses saintes pensees, avec quelques aultres bons religieux de diverses abbayies touchez de devotion, qu'il avoit trouvez susceptibles de quelque reforme, lesquels il avoit arrez pour se venir confiner en la mienne à servir Dieu de meilleure sorte que le commun. Ce bon pere s'en vint en mon abbayie avec une mission authentique de son General pour y estre Prieur claustral, et une faculté particuliere de prescher, à quoy j'adjoustay la qualité de mon grand vicaire. Il s'en alloit recognoistre le lieu, mettre ordre aux reparations necessaires à l'eglise et à l'edification des cellules pour les religieux qui s'y vouloient retirer, et cependant tascher de proffiter le temps par ses predications et preparer la voye à ceux qui s'apprestoient à le suyvre. Il alla rendre son debvoir à Messieurs vos officiers. Je ne sçay s'il n'eut pas l'honneur de vous sallüer par aprez. Tant y a qu'on luy fit subir l'examen, dont son aage, et le nom qu'il a acquis entre les bons predicateurs, le pouvoient bien legitimement dispenser, n'estant pas des mediocres, mais de ceux qui peuvent prescher avec fruict devant les compagnies les plus celebres. Or comme il a tout plein de bonne simplicité entre ses aultres rares parties, il ne fit nulle difficulté de s'y preter. Où je ne doubte pas qu'il n'ait donné playne satisfac-

(1) Peiresc veut sans doute désigner ici la Congrégation réformée de Saint-Benoit dite de Saint-Vanne, établie en Lorraine par dom Didier de La Cour, au commencement de l'année 1600.

tion, estant bien asseuré d'ailleurs de ce qui est de sa doctrine. Et toutefoys il fut si mal traicté, qu'on luy restraignit sa faculté de prescher, seulement pour les Festes et Dimanches, et dans des villages desclos (1). Dont je fus grandement scandalizé, parce que je sçavois trez bien qu'il a presché avec grand honneur en des meilleures villes et en des plus honorables auditoires de France, encores qu'il ne soit pas homme pour s'en vanter ne quasi pour l'advoüer, tant il est humble et aliene de toute vanité ; et parce que je voyois bien aussy qu'on avoit affecté de l'exclure de prescher l'advent et caresme, de peur qu'il n'occupast en son eglise la place de tel aultre qu'on y voudroit envoyer ; ce qui seroit capable d'oster le courage au premier homme du monde. Aussy ne puis-je assez admirer comme il a peu supporter cette indignité, ou pour mieux dire, cet affront, avec une si grande constance et humilité ; l'ayant receu si doulcement pour mortification chrestienne, et ayant faict tout ce qu'il a peu pour empescher que je n'en sceusse rien, de sorte que je n'en ay eu le vent que bien tard.

« On n'en est pas demeuré là, mais en mesme temps, ou bien tost aprez, on a commis un simple cordelier pour aller prescher en mon eglise, et ne s'est on pas contenté de le commettre pour le caresme, comme il avoit esté practiqué jusques à présent, on y a adjousté l'Advent, de peur que ce bon pere,

(1) *Desclos*, en vieux français, signifie « ouvert, non fermé », ou, comme on disait encore, *deffermé*. On avait tiré de ce mot le bas latin *disclausus ;* par exemple : *curtillus disclausus*, « un jardin (*courtil*) sans clôture, ou à clôture rompue ». Le *Roman du Renart* emploie précisément le mot *desclos* à propos d'un jardin dont la clôture (*li palis*) était interrompue :

> *Là ou li palis iert desclos*
> *Avoit li vilain planté chox* (choux).

Desclos se disant d'une cité ou d'un bourg, indiquait une localité d'ordre inférieur, qui n'avait ni remparts ni barrières. C'est le terme opposé au latin *clausus* ou *clusus*, et au français *claus*, *clos* ou *clus*, dont la dernière forme entre comme composant dans le nom de Vauclûse, c'est-à-dire « vallée close », *vallis clausa*. Les touristes qui ont visité la célèbre fontaine de Vaucluse, ou bien, en Bourgogne, la source de la Bèze, sorte de Vaucluse en miniature, peuvent se rendre compte de l'à-propos de cette appellation. (*Note de feu M. Largeteau, prêtre de Saint-Sulpice, directeur au Grand Séminaire de Bordeaux.)*

à qui on ostoit le caresme, n'eust seulement les festes et dimanches de l'Advent. Tandis qu'il n'y avoit persone sur les lieux qui peust prescher les festes de l'Advent, on ne s'estoit pas advisé d'y commettre; et à cette heure qu'il y a un personage des plus dignes qui y ayt possible mis le pied de longues annees, on y commet un aultre (1). Je veux croire que celuy qu'on y a commis soit homme d'honneur et de bonne doctrine et cappacité, puisque je ne sçay encores rien du contraire. Mais s'il ressemble à cet autre cordelier qu'on me voulut envoyer il y a deux ans soubs vostre authorité (sans toutesfoys que vous en sceussiez rien), et au prejudice de la demande que j'avois faicte d'un bon religieux refformé, bien cappable de s'en dignement acquitter, je n'en espere pas grand fruict. Car ce pauvre homme ne faisoit en chaire que donner subject de rire au monde, qui en partoit tout scandalizé, sans pouvoir se donner la patiance d'ouyr de tels sermons à demy, l'ayants laissé fort souvent tout seul à la chaire, tant il estoit ridicule, dont j'eus une infinité de plaintes de tous mes habitants, que je fis entendre à M. vostre grand vicaire. Quand on m'avoit laissé faire, j'y avois desiré des Peres Jesuistes, et aultres persones faisants profession particuliere de mieux faire que le commun des religieux mendiants. Ce qui faict florir les chaires des eglises de Paris, est que M. de Paris laisse aux Marguilliers des paroisses le choix des predicateurs qu'il a une foys approuvez. Et parce que ce sont les dicts Marguilliers qui les payent, s'il ne leur laissoit

(1) Le jugement de Peiresc sur le talent oratoire du P. Du Val est confirmé par le témoignage de Jacques Miard, vicaire général du cardinal de Sourdis. Dans un acte fait en 1630 et que j'aurai occasion de citer plus loin, Miard qualifie le prieur de Guîtres de prédicateur excellent, *concionator eximius*. Aussi était-il recherché pour les stations d'Avent et de Carême qui, généralement alors, du moins à Bordeaux, étaient prêchées par le même orateur. Ainsi le P. Du Val prêcha à Guîtres, l'Avent de 1623 et le Carême de 1624, l'Avent de 1625 et le Carême de 1626 ; à La Teste, l'Avent de 1630 et le Carême de 1631 ; à Saint-André de Cubzac, l'Avent de 1631 et le Carême de 1632 ; à Libourne, l'Avent de 1632 et le Carême de 1633 ; à Blaye, l'Avent de 1633 et le Carême de 1634 ; à Barsac, l'Avent de 1635 et le Carême de 1636 ; à Bourg-sur-Gironde, l'Avent de 1636 et le Carême de 1637. C'est à cette dernière date que s'arrête le registre où je puise ces renseignements. (*Registrum continens nomina eorum qui ad seminandum Christi Domini Evangelium prævio examine admissi sunt, annis 1613-1638* : Archives de l'Archevêché de Bordeaux.)

ce choix, possible feroient ils difficulté de les payer ou desfrayer. Un homme de ma condition seroit bien peu considerable s'il ne peult user du droict des Marguilliers, puisqu'il paye lui seul seul les predicateurs de son eglise. Joinct que puisque, sans controverse, j'ay le droict de nommer à la cure ou vicairie perpetuelle de mon eglise, et par consequant à l'administration ordinaire et principale de la parole de Dieu et de ses sacrements, il semble que je debvrois bien avoir le droict de nommer à la simple administration de la parole de Dieu extraordinaire, pourveu que je ne nomme persone qui n'ayt sa legitime approbation de cappacité. Au surplus, le moindre religieux mendiant qui ayt la mission de son superieur immediat pour prescher, trouve moyen d'extorquer par importunité, ou par brigues (s'il ne le peult par suffisance), l'approbation des evesques pour prescher des Advents et Caresmes dans les plus grosses villes. Et un homme d'eminente vertu, pieté et doctrine, qui va avec la mission et licence de son general, est exclus de la predication d'un Advent et d'un Caresme dans un chetif village desclos, et qui pix est dans son monastère (1).

(1) Un *Mémoire* (manuscrit) *pour les agents de M. l'abbé de Guistres* (Registre LI, f. 384), contient sur ce sujet plusieurs détails intéressants. « Pour l'admission du prédicateur, y est-il dit, il n'y a point de doute qu'il ne doive être approuvé de l'Ordinaire; mais le feu sieur abbé de Tallerand de Chalais a toujours soutenu qu'il devoit être nommé par lui. Et de fait, l'année 1615, le cardinal ou ses vicaires généraux envoyèrent un certain jeune jacobin du couvent de Saint-Emilion pour prêcher le Carême; mais parce qu'il n'avoit point dans ses lettres de mission cette clause, *salvo jure nostro et quolibet alieno*, il fut renvoyé par le feu sieur abbé étant pour lors audit Guîtres. Cela fut cause que l'année suivante, le seigneur Cardinal envoya pour prêcher l'Avent, un P. Feuillant, nommé Le Blanc, lequel ne fut reçu par le sieur abbé ni par ses agens, ni même par le corps des habitans, ains seulement par certains contrefaisants les dévots, qui donnèrent seulement l'aliment au P. Le Blanc, lequel retourna prêcher le Carême du consentement dudit sieur abbé. Quelques années après, pour soutenir ce droit, ledit feu sieur abbé de Tallerand pria le P. Destrades, jésuite, de prêcher un carême audit Guîtres, ce qu'il fit sans aucune opposition formée du cardinal, ni de ses vicaires généraux. »

On lit encore dans le même Mémoire : « Pour le prédicateur qui doit prêcher trois fois la semaine, pendant le temps du saint Carême, le sieur abbé doit donner vingt écus seulement, et les habitants le doivent loger et nourrir, ou bien la quête que l'on fait pour ledit prédicateur, les fêtes de Pâques, doit être convertie pour ladite nourriture et logement, comme il se peut voir par le contrat de transaction sur ce fait entre le feu sieur abbé de Chalais et lesdits habitants, l'année 1615 et

« Enfin, Monseigneur, je me tiens grandement offencé en la persone de ce bon pere, qui ne vouldroit pas s'estre plainct de chose du monde, et vous supplie trez humblement de m'en vouloir faire faire la raison, sans que la presence de ceux qui m'ont rendu ces mauvais offices auprez de vous, puisse prevalloir par dessus la force de la justice et des raisons dont ma cause est accompagnee, encores que je sois absent. Je pensois que l'honneur que vous m'aviez faict de m'advouer pour vostre serviteur, et que la bienveillance que vous aviez tout fraischement tesmoignee à mon frere de Vallavez (1) en passant par nos quartiers, me pouvoient faire esperer de bien plus grandes graces de vostre benignité, et un peu plus de respect par voz officiers; mais je ne mets poinct cela en aulcune ligne de compte. Le pix est que ce mauvais traictement court fortune de rebutter les aultres religieux, lesquels, à l'instance de ce bon pere, m'avoient engaigé leur parolle d'abandonner leurs abbayies originaires où la vie monastique n'est pas en observance, pour la venir prendre dans la mienne soubs sa conduitte et direction; et par ce moyen court fortune de rompre en sa naisçance un bien louable et utile dessaing, soubs un pretexte imaginaire de vouloir maintenir possession d'envoyer des predicateurs, je n'ose plus dire quels, en une eglise si desolee que celle-la, et qui a tant de besoing de restauration.

1616, à l'occasion du procès mû et intenté sur ce sujet par le P. Joseph Ferrouil, cordelier, qui demandoit aux marguilliers de l'église de Guitres cinquante livres outre et par dessus lesdits vingt écus; et cela, à la persuasion de certains personnages de Guitres, qui aidèrent audit P. Ferrouil à manger des grandes salades à l'italienne et faire des festins pendant tout le temps du Carême. Ce procès dura au Parlement trois ou quatre mois. Le sieur abbé se porta à faire ladite transaction pour vivre en paix à l'avenir avec les habitants. »

(1) Palamèdes Fabri, seigneur de Vallavez et de Calas, et baron de Rians, naquit un an et demi après Nicolas Peiresc, au mois de juin 1582. (Gassendi, *Vita Peireskii*, lib. I, Oper., t. V, p. 245.) Plusieurs fois il fut député de sa province, et mérita d'être fait viguier de Marseille en 1633. Il épousa Marguerite de Tules, dame de Trebiliane, cousine de deux évêques d'Orange de ce nom, de laquelle il n'eut qu'un fils, Claude Fabri, seigneur, puis marquis de Rians, qui, en 1632, fut reçu Conseiller au Parlement d'Aix dans l'office que son oncle, son grand-oncle, son bisaïeul et son trisaïeul avaient exercé, faisant ainsi le cinquième conseiller de la même famille, ce qui, jusqu'alors, n'avait pas encore été vu dans ce Parlement. (*L'État de la Provence dans sa Noblesse, par M. l'abbé R. D. B.* (Robert de Briançon); Paris, 1693, tom. II, pag. 46-47.)

« Vous en ferez, Monseigneur, comme bon vous semblera; mais si cette occasion se perd, de restablir quelque ordre en ce pauvre lieu, il aura tenu à quelque aultre qu'à moy, qui en sera possible un jour responsable devant Dieu. On favorise ailleurs, de toutes les façons possibles, toute sorte d'ouvertures de refformations; et icy on faict quasi plus qu'il ne se pourroit pour estouffer celle cy de prim'abbord. J'adjousteray en passant qu'on a si bien prins le temps pour surcharger mon abbayie des fraiz d'un Advent (que moy ne mes devantiers n'avions poinct fourny de memoire d'homme), que l'on a attendu à la presente annee, que j'en suis pour mille bons escus de seules repparations, et que je suis sur le poinct de mettre de l'ordre en ce lieu, qui est si pauvre, que j'en avois abandonné tous les revenus de deux ans pour y subvenir.

« Il me reste encor une bien grande plaincte des Patronages de mon eglise, que l'on ne se contente pas de revocquer en doubte, mais que l'on foulle aux pieds tout à faict. Je portay patiamment la premiere fois que j'y fus surprins, par le respect que je vous doibs, attendant l'honneur de vous veoir pour vous en faire juge vous mesme sur mes justes raisons. Mais on m'a tout fraischement renouvellé cette playe en refusant non seulement la nomination que j'avois faicte à une cure de mon Poullier (1) vacquee dernierement, mais encores l'exhibition des registres qui ont esté ordonnez pour estre publiques, afin de m'empescher de faire veoir la possession legitime, en laquelle j'en estois et mes devantiers.

« Ce n'est pas moy qui ay acquis ce droict de patronage. Il a esté octroyé à mes predecesseurs, il y a bien des centaines d'annees. Quand il a pleu à sa Sainctetė de me commettre cette Abbayie sur la nomination du roy, elle m'a astrainct par serment d'en conserver les droicts, et ne les pas laisser perdre ne usurper par aultruy. Ce qui m'oblige en consciance de ne les point abandonner, et me servira, s'il vous plaict, Monseigneur, d'excuse en vostre endroict, car hors de cela vostre seule volonté me serviroit de loy sans en demander de raison.

(1) *Pouillé*, catalogue où sont marqués les bénéfices ecclésiastiques, leurs dépendances, leur revenu et le nom des collateurs.

Si d'aultres abusent de pareils droicts, j'en seray bien marry : mais j'espere que ce ne sera pas moy. Et de faict quand ma vicairie de Guistres vint à vacquer dernierement, je manday à celuy qui avoit charge de mes affaires de par delà, d'aller voir M. vostre Gr. Vicaire de ma part, lequel sçavoit vraysemblablement mieux que tout aultre ceux qui pourroient estre cappables de la dignement exercer, pour en prendre un de sa main, comme il fit, et je le luy nommay, et l'en fit mettre en possession incontinant.

« C'est pour dire que je n'en veux pas traffiquer ne y employer des personnes incogneues, dont je ne sçaiche la cappacité, ou par vos officiers ou par moy mesme, oultre que le droict de l'examen et approbation vous en demeure tousjours, quand j'aurois faict aultrement, ce que Dieu ne permettra pas qu'il advienne, s'il luy plaict. Je pense qu'on doibve prendre en bonne part la bonne intention de ceux qui croyent bien faire quand ils acquierent aux evesques les droicts de plaine collation des cures. Mais je pense aussy que cela se doibt entendre, quand il n'appert nullement des droicts des patronages d'ou elles dependoient. Car quand il en reste, sinon des preuves indubitables, au moings telles qu'elles peuvent suffire *inter bonos et æquos,* ou pour mieux dire entre chrestiens, je pense que la charge de consciance y soit fort grande; et non pas moindre, que si pour enrichir une eglise, on alloit de voye de faict prendre sur l'autel d'une aultre un calice ou aultre gaige precieux, quelque contredict qu'il y eust au contraire; soubs pretexte que les contredisants n'eussent pas d'acte si authentique pour prouver que tel calice appartint à l'eglise, sur l'autel de laquelle on l'auroit trouvé.

« J'ay ma pancarthe ou Poullier, sur quoy je confere sans controverse divers priorez qui ont deppendu de mon abbayie, estant en cette possession, moi et mes devantiers (1). La

(1) D'après le *Pouillé général contenant les bénéfices de l'archevêché de Bordeaux* (Paris, 1648, in-4°, pag. 19-21), les prieurés à la collation de l'abbé de Guîtres étaient ceux de Sablon, Castillon, Lugon, Lalande, Coutras, Le Fieux, Chamadelle, La Gorce, le Puy de Donis, Bayas, Jaux, Sainte-Geneviève, Fronsac, Les Peintures, Rochelaux, l'île de Carney, Queynac, Porchères, La Garde, Saint-Michel-la-Rivière, Sainte-Marie-Madeleine (couvent de femmes).

mesme pancarthe me donne pareil droict en la nomination des cures autres foys desmembrees desdits priorez, et je n'ay pas plus de droict en l'un qu'en l'autre (1).

« On me demande encores d'aultres tiltres pour la justification de mon droict, à quoy je ne puis pas satisfaire, pour n'avoir pas esté conservez comme ceux de la bonne ville de Bordeaux, ains avoir esté bruslez lors des premiers troubles de la religion. Ce qui est si notoire sur les lieux, que de le revocquer en doubte, c'est demander des preuves du jour en plain midy; la dite pancarthe ne s'estant sauvee que par miracle, pour s'estre trouvee employee en quelque procez, lorsque tout le reste passa par le feu.

« Ce droict est confirmé par infinis actes de possession. On en allegue quelques uns contraires, que je n'ay pas veus. Mais quand cela seroit, que pendant la desolation de ce lieu (que tout y estoit desert) que les abbez auroient laissé usurper ce droict, il ne seroit pas moings deub à l'eglise sur laquelle on l'auroit prins, attendu le malleur des guerres durant lesquelles tels actes de possession ne sont pas si considerables en droict pour operer la prescription requise. Et quelque prescription que la rigueur du droict puisse introduire, la bonne foy ne laisse pas de faire tousjours grande charge de consciance, quand il appert du droict contraire et des legitimes excuses de la possession interrompüe, quand elle le seroit.

« Au faict dont il s'agist, celuy que j'ay nommé et faict presenter à cette cure, est celuy mesme que vostre Gr. Vicaire m'avoit mis en main pour la vicairie perpetuelle de Guistres, et est homme qui presche luy mesme honnestement, de sorte que l'on ne peult pas imputer de deffault en sa persone. On oppose la prescription de mon patronage, et le deffunct curé

(1) Voici, toujours d'après le même *Pouillé*, les cures auxquelles nommait ou présentait l'abbé de Guîtres : 1. dans le diocèse de Bordeaux : Saint-Félix de Savignac, Saint-Pierre de La Gorce, Saint-Martin de Fronsac, Saint-Etienne de Chamadelle, Saint-Jean de Coutras, Saint-Vincent des Peintures, Saint-Nicolas du Fieux, Saints-Gervais-et-Protais de Mouillac, Sainte-Marie-Égyptienne de Bayas; 2. dans le diocèse de Saintes : Saint-Martin d'Ary, Saint-Nazaire et son annexe Saint-Germain de Cercou.

avoit un procez auquel il avoit produict son tiltre faict à la nomination de l'abbé de Guistres. J'en ay faict demander communication sur le registre. Le greffier le laissa entrevoir et encore un aultre pareil, et puis ayant sceu la contention, en a refusé non seullement les extraits mais la veüe, laissant un grand ombrage de sa mauvaise foy. C'est de quoy j'avois à me plaindre de vos officiers, et que je reservois à vostre venue. Mais la voyant retardee, et que cependant le faict de la predication pressoit, j'ay eu tant de confiance en vostre immense bonté, que j'ay creu que vous ne les prendriez pas en mauvaise part, ains que vous les vouldriez juger selon vostre equité accoustumee.

« Il me desplaict bien de la prolixité de cette lettre, mais ayant à faire à des gents qui pourront repliquer en mon absance, il falloit encor desduire quelques moyens. Vous me pardonnerez bien cette faulte, je vous en supplie trez humblement, et de ne me tenir jamais pour aultre, s'il vous plaict,

« Monseigneur, que pour
« Vostre trez humble et trez obeissant serviteur,
« N. de Peiresc, A. de Gu.

« De Paris, ce 6 nov. 1822. »

J'ignore ce que le cardinal de Sourdis répondit à des représentations si justes dans le tonds et si modérées dans la forme. Retrancha-t-il du moins quelque chose de ses prétentions sur l'abbaye de Guîtres, et modifia-t-il sa conduite à l'égard de Peiresc et du P. Du Val? Nous ne tarderons pas beaucoup à le savoir.

CHAPITRE QUATRIÈME

Etat du monastère de Guîtres en 1623. — Voyage de Peiresc à Bordeaux. — Etablissement d'un noviciat pour la province. — Pierre Durand, Louis Hennequin et Louis Cabrier, religieux de Guîtres. — Nouvelles vexations des frères Bommard. — Peiresc écrit au P. Du Val pour le consoler.

Nous retrouvons en 1623 les frères Bommard tels que nous les avons laissés en 1622. Aussitôt qu'ils ouïrent parler « de la réformation et introduction de la discipline monacale » dans l'abbaye, ils déclarèrent « incontinent qu'ils n'y vouloient entendre en aucune façon, et que, plutôt » que d'y consentir, « le moine Bommard se retireroit en son prieuré de Lugon. » Ce religieux pratiquait lui-même si peu « la discipline régulière, » qu'il n'avait pas encore « daigné seulement porter l'habit monacal, quelques remontrances qui lui en eussent été faites; lesquelles, ajoute Peiresc, il a montré abhorrer étrangement, aussi bien que la clôture et obédience à ses supérieurs (1). » Si nous ajoutons à cela les procès que ces deux frères suscitaient à l'abbé de Guîtres et les mémoires qu'ils écrivaient contre lui, nous aurons une idée à peu près exacte de l'état où était ce pauvre monastère en l'année 1623.

Dans ces conjonctures, Peiresc, qui résidait à Paris depuis plus de sept ans, dut retourner en Provence où le rappelaient l'âge avancé et la maladie de son père. Il partit au mois d'août 1623, prit sa route par Orléans, Angers, Tours, séjourna quelque temps dans chacune de ces villes, et vint à Guîtres, où il s'employa tout entier à persuader la réforme

(1) *Instructions et Responses sur les requête, demandes, playdoiries et offres du moyne Bommard et de l'avocat Bommard son frère, du 17 et 27 du mois de mai 1623;* Registre LI, f. 112.

aux religieux et à réparer les dégâts causés au monastère par les guerres civiles (1). C'est là tout ce que nous apprend Gassendi du séjour de Peiresc à Guîtres, et même de Peiresc considéré comme abbé. Heureusement, Peiresc en dit davantage dans son *Mémoire* du 12 juin 1626.

« Quand l'abbé fut sur les lieux, et qu'il eût ouï les uns et les autres, et trouvé que c'étoit l'advocat Bommard qui se rendoit odieux à tout le monde pour son arrogance démesurée, et pour avoir voulu abuser de l'autorité dudit abbé sous prétexte de reconnaissances dont il s'était chargé, — et qu'au contraire tous les honnêtes gens du lieu se rendroient fort capables de raison, si on les tiroit des mains et des indues vexations de ce petit tyran, — il reçut favorablement tout ce monde là, et en prit toute autre créance que n'eût désiré ledit Bommard, qui le porta fort impatiemment.

« Quant au moine Bommard, l'abbé trouva que non seulement il étoit très ignorant et incapable, mais qu'il étoit de très mauvais naturel et du tout incorrigible en ses mauvais desportemens. Ce qui fit que ledit abbé lui remontra ce qui étoit de son devoir le plus doucement qu'il put, et lui declara que son intention étoit qu'il se rangeât à l'observance de la discipline sous l'obédience du P. Du Val, son légitime supérieur immédiat, à qui l'abbé laissa l'entière direction du monastère, tant spirituelle que temporelle. Les deux frères en conçurent une haine si enragée et si démesurée contre le R. P. Du Val et contre l'abbé, qu'ils se vantèrent de lui susciter cent procès, et de ne les laisser jamais en repos ne l'un ne l'autre; en quoi ils ont bien tenu parole (2). »

Peiresc était à Guîtres dans les premiers jours de septembre 1623. Le 6, il écrivait de son abbaye, *del monasterio di Santa Maria de Aquistria,* au cardinal de Sainte-Suzanne, la

(1) « Circà abbatiam, totus fuit in suadendâ reformatione destinandâque insta uratione ruinarum insignium, quas monasterium fuerat per bella civilia perpessum. » (Gassendi, *De vitâ Peireskii,* lib. III, Oper. t. V, p. 293.)

(2) *Mémoire touchant les maulvais desseins du moyne Bommard;* Registre LI, f. 405 et suiv.

dernière des 70 lettres italiennes qu'on possède de lui adressées à ce prince de l'Eglise Romaine (1).

A Bordeaux, Peiresc fit, le 15 septembre, avec le premier président au Parlement de Guyenne, Marc-Antoine de Gourgue (2), un accord par lequel celui-ci s'engageait à permuter la dîme inféodée (3) qu'il possédait dans la paroisse de Saint-Martin de Fronsac, contre trois cents livres de revenu annuel que l'abbé de Guîtres s'obligeait, de son côté, à lui payer (4).

Le lendemain de ce jour, 16 septembre, Peiresc passa avec les PP. Venot et Daron, recteur et syndic du noviciat des jésuites de Bordeaux, une autre convention, en vertu de laquelle ils s'obligeaient pareillement à permuter la dîme inféodée de Saint-Martin de Fronsac unie audit noviciat, contre un bénéfice simple de la valeur de trois cents livres de

(1) Bibliothèque de Carpentras, Registre VI des minutes de Peiresc, f. 259-282.

(2) Sur ce célèbre magistrat, voir M. Communay, *Notes biographiques sur les premiers présidents au parlement de Bordeaux*, et mes *Mélanges de biographie et d'histoire*, p. 2, 3, 285.

(3) On sait que la *dîme* était une portion de fruits prélevée au profit du clergé. La *dîme inféodée* était celle qui avait été donnée en fief à des laïques. Les évêques réclamèrent souvent contre cet abus.

(4) Quoique j'aie résolu de négliger entièrement dans ce travail les détails infinis que fournit la correspondance active et passive de Peiresc sur ce qui touche directement au *temporel* de l'abbaye de Guîtres, néanmoins je citerai en entier l'acte dont il est ici question, ainsi que celui dont il est parlé dans l'alinéa suivant, parce que tous deux ont été faits à Bordeaux, pendant « le peu de séjour » qu'y fit l'abbé de Guîtres.

« Nous soubzsignez, Nicolas Fabry, sieur de Peiresc, Conseiller du Roy au Parlement d'Aix en Provence et Abbé de Guistres, et Marc Anthoine de Gourgues, Chevalier, Conseiller du Roy en ses Conseils d'Estat et privé, et premier Présidant au Parlement de Bourdeaux, sieur baron de Vaires et autres places, avons convenu et accordé que moy, dict sieur de Vaires, permuteray la dixme inféodée qui m'appartient en la paroisse de Saint-Martin de Fronsac, et dont j'ay recogneu de Monsieur le Cardinal de Sourdis, Archevesque de Bourdeaux, comme deppendante de la dicte terre de Vaires, avec des cens, rentes, dixmes, agrières, ou fonds scis en la dicte terre de Vaires ou ez environs d'icelle, heu esgard à la valleur de trois cens livres de revenu en dixme inféodée, et ce dans le terme de deux ans, à compter du premier de janvier prochain; et ce pendant, jusques à ce que le dict échange soit faict, moy susdict sieur Abbé de Guistres, promectz faire fournir annuellement par mes fermiers la somme de trois cens livres aux fermiers de la dicte terre de Vaires, sans que le présent acte, en cas que la dicte permutation ne sortist à effect, puisse nuire ni préjudicier aux droictz des parties, cottitez et portions pretenduz respectivement en la dicte dixme. — Faict à Bourdeaux, soubz nostre seing, le quinziesme jour de septembre mil six cent ving-trois. Ainsi signé : *De Gourgue, N. C. Fabry de Peiresc, Abbé de Guistres.* » (Registre LI, f. 316.)

revenu annuel, qui devaient être payées par les fermiers de l'abbaye de Guîtres (1).

Enfin, après avoir visité tout ce qu'il y avait à Bordeaux de magistrats éminents, de savants et de curieux, Peiresc partit pour Toulouse. Il s'arrêta d'abord chez le duc d'Epernon, à Cadillac, d'où il écrivit, le 27 septembre, à M. de La Houssaye, pour le prier de faire « portraire » la tête d'une

(1) Voici cet acte :

« Nous Soubsigné, Nicolas Fabry, sieur de Peiresc, Abbé et seigneur de l'Abbaye Nostre-Dame de Guistres, Conseiller du Roy en sa Cour de Parlement de Provence, d'une part ; Charles Venot et Nicolas Daron, prebstres religieux de la Compagnie de Jésus; nous dict Venot, Recteur, et nous dict Daron, Sindic du novitiat de ladicte compagnie, establi en la presente ville de Bourdeaux, d'autre ; avons faict et arresté le concordat et convention que s'en suit : — Sçavoir est que nous, susdict Recteur et Sindic du dict novitiat, promettons de bailler en permutation au dict sieur Abbé de Guistres, soubz le bon plaisir et volonté de notre Saint-Père le Pape et de notre Révérend Père General, la dixme inféodée de Saint-Martin de Fronsac, deppendante et annexée au prieuré de Bouchet et Vayres, uni et incorporé par l'authorité du Saint-Siège au dict noviciat, pour un bénéfice simple, paisible et non litigieux, de la valleur de trois cens livres tournoiz de revenu annuel (toutes charges déduites), au plus grand advantage et utilité du dict novitiat, aux fins d'estre ledict bénéfice uny au dict novitiat, aussy soubs le bon plaisir de Sa Sainctеté et d'autres qu'il appartiendra, au lieu et en eschange de la susdicte dixme inféodée. La permutation et union duquel bénéfice, nous, Abbé susdict, promettons faire et procurer à nos despens en Cour de Rome et partout ailleurs où le cas le requerra, en faveur du dict novitiat, et ce pendant, pour l'indempnité, nous nous obligeons et promettons au dict Sindic du dict novitiat de leur paier ou faire paier en main propre, ou autre ayant charge expresse d'eulx, annuellement la somme de trois cens livres pour la valeur annuelle de la dicte dixme inféodée, par les fermiers de notre dicte Abbaye, et ce par l'espace de deux ans entiers à commencer le premier jour de may de l'année prochaine, qu'on comptera mil six cens vingt-quatre, si plustost la dicte union et permutation ne sont faictes et parfaictes, jusques auquel dict jour premier de may prochain, nous susdict Abbé, ne pourrons entrer en jouissance de la dicte dixme inféodée, et sans prejudice neantmoins de nos droictz respectivement pretenduz, au cas que le present concordat et convention ne sorte son effect, laquelle demeurera pour non advenue en cas que nous, dict Abbé, ne pourrions obtenir l'union et permutation du dict bénéfice dans lesdicts deux ans, à compter du susdict jour premier may prochain. En tesmoing de quoy nous avons signé ces presentes dont chascun de nous a eu une coppie de mesme teneur. A Bourdeaux, ce seiziesme jour de septembre mil six cens vingt-trois. Ainsi signé : *N. C. Fabry de Peiresc, Abbé de Guistres ; Charles Venot, Recteur du Noviciat susdict, et Nicolas Daron, sindic susdict.*

Aujourd'huy, seiziesme de septembre mil cens vingt-trois, en presence de moy, Bertrand de La Ville, notaire et tabellion Royal en la ville de Bourdeaux et Seneschaussée de Guienne soubzsigné, et des tesmoins bas nommez, ont comparu en personnes Monsieur Nicolas Fabry, sieur de Peiresc, abbé et seigneur de l'Abbaye Nostre-Dame de Guistres, Conseiller du Roi en sa Cour de parlement de Provence, et les Reverends peres Charles Venot et Nicolas Daron, prebstres, religieux de la Compagnie de Jésus, ledict Venot à present Recteur, et ledict Daron Sindic du Novitiat de la dicte Compagnie estably en cette ville, lesquelles parties, de leurs bonnes

« figure en marbre qu'on attribue à Messaline », et qui avait été découverte à Bordeaux le 21 juillet 1594 (1).

Quand Peiresc fut hors du territoire de la Guyenne, lès frères Bommard se hâtèrent de tenir la promesse qu'ils lui avaient faite, de lui susciter des procès. « En moins de deux mois, par une ingratitude non pareille, ils en formèrent de leur chef ou en firent former par leurs confidents plus d'une vingtaine, sans autre fondement que leur seule rage et malveillance désespérée. L'abbé néanmoins moyenna qu'on le défendit avec toute sorte de modération et de patience durant près de deux ans, attendant qu'ils se reconnoîtroient et se ressouviendroient tôt ou tard des obligations insignes qu'ils lui avoient. Mais enfin, la patience n'étant plus tenable après tant de persécutions, ledit abbé fut contraint de leur donner le change et les mettre en tel état, qu'ils auront peut-être bien de la peine à s'en parer (2). »

Au milieu des ennuis que lui causait l'hostilité persévérante et acharnée des frères Bommard, une demande adressée à Peiresc par les bénédictins Exempts apporta quelque adoucissement à ses peines. Pierre de Gaufreteau (3), provincial de Guyenne, le pria, au commencement de l'année 1624, « de laisser établir » en son « abbaye le noviciat de la province ». Peiresc l'accorda « très volontiers », étant « infiniment aise

volontés, ont dict et declaré avoir aujourd'hui faict et arresté entre eulx le concordat et convention cy dessus souscripts, qu'ils ont presentement recogneu et adveré estre signé de leurs mains et seings accoustumez, promettent et seront tenuz respectivement de l'entretenir et accomplir de point en point, selon sa forme et teneur ; et pour ce faire, s'en sont obligés l'un envers l'autre tous leurs biens et revenus temporelz, qu'ils ont pour cet effect soubzmis à toutes jurisdictions et rigueurs de justice, et ainsi l'ont promis et juré en leur foy et serment. — Faict à Bourdeaux dans le dict novitiat, presentz Antoine Vernier, clerc, natif de Lorraine, diocèse de Toul, et Dominique Corsan, boulanger, habitantz du dict Bourdeaux, tesmoins à ce appellés et requis. — Ainsy signé : *N. C. Fabry de Peiresc, Abbé de Guistres; Charles Venot, recteur du Noviciat susdict ; Nicolas Daron, sindic susdict; D. Corsan* ; *Antoine Vernier; de la Ville, notaire Royal.* » (Registre LI, f. 374.)

(1) M. Tamizey de Larroque a publié pour la première fois cette lettre, et a réuni tout ce qui concerne l'histoire de cette célèbre statue, dans sa brochure intitulée, *La Messaline de Bordeaux*; Bordeaux, 1884, in-8° de 15 pages.

(2) *Mémoire touchant les mauvais desseins du moine Bommard.*

(3) Né vers 1588, mort en 1653. Cf. *Essai généal. sur la famille de Gaufreteau*, par M. Jules Delpit, à la suite de la *Chronique Bordeloise* de Jean de Gaufreteau Bordeaux 1878, t. II, p. 351, 352.

de contribuer au bien et avantage de l'Ordre et de la Congrégation en général, et spécialement envers ledit provincial » qui daignait lui « montrer tant de bonne volonté (1) ». L'établissement fut confirmé par arrêt du Parlement de Bordeaux, rendu le 6 septembre 1625, sur les instances de Pierre de Gaufreteau (2).

Peiresc réussit également pendant l'année 1624 à trouver quelques religieux résolus à se mettre sous la conduite du P. Du Val. Le premier, nommé Pierre Durand, né à Montlieu, au diocèse de Saintes, n'était encore que tonsuré. Le second était prêtre, et s'appelait Louis Hennequin. Il avait fait profession de la règle de S. Benoit dans l'abbaye de Bournet, diocèse d'Angoulême. Par actes datés d'Aix en Provence le 14 décembre 1624, Peiresc donna au P. Du Val l'autorisation de les recevoir dans le monastère de Guîtres, à la condition expresse qu'ils s'engageraient l'un et l'autre, — et Louis Hennequin sous la foi du serment, — à embrasser la réforme quand elle serait introduite dans l'abbaye (3).

A l'époque où le P. Du Val était à Caunes, il y avait dans ce monastère un prêtre nommé Louis Cabrier, qui y avait aussi fait profession. Selon le P. Du Val, c'était un homme « naturellement porté à toute sorte de piété et de charité chrétienne. » Sur le point de partir pour réaliser « le bon dessein de l'introduction de la discipline monastique dans l'abbaye de Guîtres », le P. Du Val avait fait au P. Cabrier « quelque ouverture » pour l'engager à le suivre ; et le P. Cabrier « ne l'avoit pas jeté trop loin ». Le prieur de Guîtres écrivit donc, le 25 novembre 1624, à D. D'Alibert, abbé de Caunes, pour lui exposer que, « après de grandes traverses et difficultés qu'il a fallu surmonter », il espère enfin que Dieu lui « fera la grâce de faire réussir le bon dessein de l'introduction de la discipline monastique dans cette abbaye ». Mais il est « trop foible pour en venir à bout » tout « seul » ;

(1) *Registres des minutes de Peiresc*, t. I, f. 284 ; Lettre de Peiresc à D. D'Alibert abbé de Caunes, datée d'Aix, le 10 février 1624.

(2) Archives de l'archevêché de Bordeaux ; *Regestum collationum*, 1630, f. 120.

(3) Registre LI, f. 176, 177.

« il lui faut du secours », qu'il attend « principalement du bon frère Cabrier », lequel étant tout « résigné à Dieu et à ses supérieurs », se rendra volontiers à Guîtres si l'abbé de Caunes lui en exprime le désir. « Ce ne sera, ajoute le P. Du Val, que pour autant de temps qu'il lui plaira de s'arrêter ici... Le chapitre provincial a délibéré d'établir ici un noviciat ou séminaire de bons religieux pour en peupler les abbayes voisines. Si cela réussit, le P. Cabrier ne manquera pas de bonne et méritoire occupation, et même sans cela toujours y aura-t-il bien de quoi travailler et tâcher de faire quelque service agréable à Dieu, où vous aurez la principale part du mérite (1). »

Trois jours après (29 novembre 1624), le P. Du Val écrivait au P. Cabrier lui-même, et le conjurait avec instance de le « secourir et aider à porter ce fardeau pour lequel » il sentait ses « épaules un peu faibles », eu égard surtout à ses « infirmités naturelles (2). »

Le P. Cabrier ayant obtenu des lettres dimissoires de D. Jean D'Alibert et le consentement de Dom de Saint-Offange, abbé régulier de Saint-Maur sur Loire au diocèse d'Angers, et visiteur général des bénédictins de la congrégation de France (3), Peiresc le reçut et lui assigna une place monacale dans son abbaye, le 14 décembre 1624 (4). Deux jours après, il lui écrivit encore pour le confirmer dans sa résolution, lui proposant les considérations les plus chrétiennes et les plus pressantes. Enfin, le 19 décembre suivant, il le fit son vicaire général et particulier, tant au spirituel qu'au temporel, pour tous les cas où des affaires importantes, ou bien l'état de sa santé, empêcheraient le P. Du Val de remplir ses fonctions.

Avant que le P. Cabrier fût arrivé à Guîtres, avant même

(1) Registre LI, f. 34.

(2) Registre LI, f. 35; copie faite par Peiresc lui-même de la lettre du P. Du Val au P. Cabrier.

(3) D'après Hélyot, *Hist. des ordres religieux*, t. VI, p. 265, Claude de Saint Offanges fut élu supérieur général à Marmoutiers en 1623. Cf. *Gallia Christiana*, t. XIV, col. 693.

(4) Registre LI, f. 169.

qu'il eût quitté l'abbaye de Caunes, les frères Bommard avaient mis à l'épreuve la patience du P. Du Val. Le bon prieur fut consolé par cette belle lettre où Peiresc montre un cœur aussi généreux envers ses ennemis que tendre et délicat pour ses amis : elle est du 1er février 1625 :

« Monsieur le Reverend Pere,

« Apres la tempeste, il fault de necessité qu'il succede du beau temps, et apres du trouble et de l'inquiétude quelque repos et tranquillité d'esprit. C'est Dieu qui esprouve ainsin ceulx qu'il aime, en intention de recompenser par apres leur travail et leur constance aux tribulations, par la suitte des prosperités auxquelles ils se fussent le moins attendus.

« J'ay eu grande compassion de vous aultant de fois que j'ay aprins par vos lettres la rage et la furie de ces ames damnées qui vous ont meschamment donné tant d'exercice indigne d'un homme de vostre humeur et de vostre condition, et tant de divertissement aux bons desseings que vous avez de vacquer au service divin et au salut des ames; et en ay receu de sy extremes desplaisirs, que j'en ay esté moy mesme malade plusieurs fois.

« L'un de mes plus grands regrets estoit de me voir, comme j'estois, hors des moyens d'y pourvoir comme il eust fallu, et de vous y aller secourir moy mesme comme j'eusse desiré. Ce seroit un trop long discours s'il falloit vous raconter les empeschements qui me sont survenus les uns sur les autres, et qui m'ont fait differer de heure à aultre ce que je debvois faire d'abord. L'important est que Dieu nous a bien aydé pendant tout ce temps, ne nous ayant pas laissé faire tout le mal que nous pouvions aprehander, et nous ayant laissé encore assez de moyens pour remedier, sinon à tout, au moins à quelque chose. En sorte qu'il se pourroit encore esperer de voir mettre quelque bon ordre à l'advenir, s'il plaist à Dieu nous continuer sa favorable adsistance et protection.

« M. de Calas, mon pere, a esté plusieurs foys aux abbois de la mort depuis mon retour de la Cour, ayant eu la gangrène à un pied par quatre diverses fois, et Dieu n'a pas laissé de le sauver et de le mettre en estat que j'espere le voir bientost par la ville avec l'ayde de Dieu et l'adsistance des gents de bien de nostre cognoissance, entre lesquels vous tenez les premiers rangs; ce qui me donne un peu de moyen de respirer à l'advenir, mieulx que je n'ay peu faire jusques à presant.

« Lorsque nous nous y attendions le moings, nous avons obtenu la permission pour faire aller à vostre secours le bon P. Cabrier que vous cognoissez, lequel vous yra surprendre en compagnie du presant porteur, ou ne tardera pas de le suivre, à mon advis, me promettant que ses bonnes mœurs et vie exemplaire, et la veneration particulière qu'il porte à vostre vertu, vous seront grandement utiles à vous mesme, et principalement pour vostre consolation dans les traverses qui vous avoient esté suscitées, et que, entre tous deux, vous porterez enfin à quelque bonne execution le saint desir que vous avez d'establir la discipline regulière dans ce pauvre lieu.

« J'attends encore un autre bon religieux (1) qui vous yra bientost seconder l'un et l'autre, et pour le plus tard à ces Pasques; lequel a bonne envie de bien faire et contribuer volontiers de sa part tout ce qu'il pourra au restablissement de ce pauvre lieu.

« Vous pourrez, si bon vous semble, recevoir frere Hennequin, si vous jugez qu'il soit pour se resouldre à la discipline regulière. Je vous envoie une collation en sa faveur d'une place monacale, dont il sera bon de suivre les termes, si faire se peut; sinon, je laisse à vostre disposition de le faire vous mesme en vertu de vostre vicariat, en la meilleure forme que vous adviserez, et s'il se resoult à bien faire, je l'aymeray et lui feray tout le bien dont je me pourray adviser.

« Pour le jeune garçon de Mont-lieu, Pierre Durand, il ne tiendra aussy que à vous de le recepvoir à l'habit, si vous l'en

(1) Le P. Chabert, dont nous parlerons bientôt.

jugez digne, soit en vertu de la collation que j'ay faicte en sa faveur, ou de telle autre meilleure que vous pourrez faire en vertu de vostre vicariat.

« Et il ne faudra guères deliberer à tout cela, de crainte qu'il ne survînt quelque empeschement d'ailleurs, qui fust capable de suspendre la faculté que nous en avons de droict, vous et moy, en consequence des pouvoirs quiont esté donnés au seigneur cardinal de La Rochefoucauld pour la visite des ordres de Saint Benoist et de Saint Augustin (1).

« Jay pourveu, comme vous verrez, à mon grand vicariat, en votre absence ou empeschement (en sorte que j'espere qu'il n'y aura rien à craindre pour ce regard), par l'employ du bon P. Cabrier tant qu'il y sera, et de messire Fauchier en son deffault.

« Vous aurés des memoires et instructions particulieres sur les principales propositions que vous m'aviez faictes par vos lettres, non seulement pour le faict des moynes du prieuré claustral, des presbtres seculiers, de la pancarthe, des exporles (2) et des fermiers; mais aussy pour responce et contredict aux invectives des moyne et advocat Bommard, que je ne repetteray point icy.

« Je n'y scaurois qu'adjouster, si ce n'est que si la proposition du noviciat peult sortir son effect, j'en serai tres ayse. J'en escripts au R. P. provincial; mais, à ce que j'ai apprins, ces bons desseings sont bien encore loin de pouvoir estre exécutés. Tant y a que je suis toujours d'advis de preparer le lieu à ce necessaire, et de trouver moyen en toute façon de faire transferer le chay ailleurs, en lieu le plus commode que faire se pourra, et à la meilleure condition que vous pourrez, pour incontinent tascher d'entreprendre la fabrique du dortoir. Je crains que la maison de l'abbé Taurel ne feust incommode aux habitans pour estre loing du village. Vous y consul-

(1) Le pape Grégoire XV, sur la demande du Roi Louis XIII, donna, le 8 avril 1622, au cardinal de La Rochefoucauld un bref lui conférant la mission et les pouvoirs nécessaires pour réformer les ordres religieux.

(2) L'exporle était une déclaration de cens. On appelait *droit d'exporle*, le droit de déclaration dû à un seigneur par un censitaire. (*Dict. de Trévoux*, V. *Exporle*.)

terez les plus apparents ; et puis faictes ce que vous trouverez le meilleur, et voyez d'attermoier les paiements de l'achapt, pour ne divertir les deniers necessaires pour les plus urgentes reparations.

« Et pour cet effect, je vous laisse l'entiere disposition de tout le revenu de Guistres que tenoit le conterolle Bommard à ferme, tant pour la presente année que suivantes, pour, apres les charges ordinaires acquittées, employer tout le demeurant aux dictes reparations, jusques à ce que vous en soyez venu à bout.

« Vous aurez amples pouvoirs pour exiger, contraindre et affermer de nouveau, et pour disposer de tout comme bon vous semblera, avec deue descharge de tout le passé; voire si vous estimiez que la chose soit si pressante qu'elle mérite d'y employer encore le revenu du membre de Fronsac, je le vous abandonne aussi de bon cœur pour tant de temps que vous le jugerez necessaire.

« J'avois prins icy un assez beau calice tout vermeil doré qui me coustoit trente escus, en intention de le vous envoyer par cette commodité; mais ayant aprins les bruits qu'on faisoit courir de nouveaux mouvements, j'ay creu que je ne serois pas excusable si je l'avois hasardé presentement à un si long chemin, et vous prie d'en faire faire un de par delà, et d'y deppendre ce que vous trouverez bon; mais faictes y mettre à un coin mes armoiries, seulement pour clore la bouche à ces canailles (1) qui ont tant faict de bruit pour cela, et qui avoyent laissé couller tant d'années sans en faire demande à mes devantiers, encores que ils n'eussent jamais faict reparations quelconques en l'abbaye. Si vous avez regret d'y employer du fonds destiné aux dictes reparations, empruntez le sur une lettre de credit que j'ay faict bailler au s[r] Briançon, present porteur, et j'en feray le remboursement de par deçà. Si la chose n'est pressée, et que on donnast loisir de nettoyer d'autres affaires de plus de consequence, j'y eusse volontiers employé quelque somme notable, tant pour un calice que

(1) Gens dignes de mépris.

pour tout plein d'autres appartenans du service de l'église; mais puisqu'il est question de pourvoir à l'impatience de telles gents, s'ils ne sont plus honorablement traictés à leur damn, ils ne le meritent pas.

« Pour le moyne lay, si vous m'eussiez envoyé copie de ses provisions, je me serois pourveu par devers le Roy; mais sans cela, je ne pouvois rien faire, car vous ne m'en aviez pas seulement escript le nom. Envoyez-moi copie tant des premieres provisions qu'il vous avoit remises et de son recepissé des deniers que vous luy fournistes, s'il vous en a fait, et encore copie des dernieres provisions qui ont esté enterinées (1), ensemble de la sentance et autres procedures, afin que je voye de quelle sorte j'auray à me pourvoir; voire quand vous m'envoyeriez l'original des premieres provisions, s'il ne vous sert de rien de dela, il n'y auroit pas danger que vous me l'eussiez envoyé, ou bien à mon frère Vallavez, à Paris, où il y pourroit pourvoir; et pour les autres copies que vous m'envoyerez de ce faict, il fault qu'elles soyent toutes signées par notaire en deue forme; et lors que je les aurai examinées, je me resouldrai. Tant y a que si c'estoit homme qui peult rendre encore quelque service dans l'abbaye, comme de portier ou autrement, et qu'il montrât tant soit peu de bonne volonté et de bonne conscience, je serois bien ayse de l'entretenir pour l'honneur de Dieu, ou dans l'abbaye ou aux environs.

« Pour la messe matutinalle, quand vous aurez des religieux celebrans (comme vous serez trois ou quatre sous peu de jours), il y en aura assez pour contenter tout le monde, et pour en faire dire aux heures qui seront les plus commodes au peuple.

« Quant aux rudesses que vous avez receues de Monseigneur le cardinal de Sourdis, j'en ay esté fort desplaisant, mesme de ce qu'il a baillé la chaire à d'autres; possible l'a il faict parce qu'il vous voyoit attaché à la deffense des tortionnaires (2) procès que le moyne Bommard et son frère vous

(1) Entériner un acte, c'était le ratifier juridiquement pour le rendre valable.

(2) Iniques, violents.

avoient jetté sur les bras. Ce pretexte cessera deshormais, Dieu aydant, et quand il s'opiniastrera à cela, patiance; Dieu nous garde de plus grand mal; il s'en lassera; et plus tost voyez de faire quelque predication, les festes, à autres heures que celle de la paroisse, c'est-à-dire si l'ordinaire presche le matin, prenez l'apres disnée, ou au contraire; ou bien changez y de nom, et au lieu d'un sermon faictes une exhortation.

« Les menaces de prison ne doivent faire peur aux personnes qui sont *omni exceptione majores* comme vous. Il ne fault que biaiser un peu et luy defferer tout ce que vous pourrés; car avec le temps vostre probité se faira cognoistre à luy, veuille il ou non, comme au contraire la malignité de ceux qui l'animoient contre vous; et au bout du compte, j'espere qu'il vous honorera et aymera tant plus qu'il vous pourroit avoir negligé ou mesprisé.....

« Pour l'attentat que ces Bommard firent à vos fenestres durant vostre absence, je veux bien croyre que s'ils y eussent trouvé de la facilité, ils eussent peu entreprendre l'expoliation de vostre logement, comme ils prinrent leur temps quand ils voulurent gaspiller les papiers du s[r] Dacquet ; mais j'estime que leur principal desseing estoit de vous intimider pour tascher de vous faire quitter la parade, afin qu'ils demeurassent les maistres de la campagne, et crois que toutes les insollentes parolles qu'ils ont proferées contre vous ou en vostre presence, ou des peres de vostre ordre ou auttrement, c'estoit en intention que tout cela vous fust redict, et que cela vous fist peur. Car quand il est question de se mettre tout à fait en peine et de hasarder sa teste et son bien, les plus farouches y pensent plus de quatre foys.

« Et puis, vous avez pour vous la justice de vostre cause, qui est celle mesme de Dieu, et la sincerité de vos intentions qui est un mur inexpugnable à tous les attentats des meschants, que Dieu souffre pour bons respects et pour l'espreuve des bons ; mais puis il les laisse tomber dans la confusion qu'ils cherchent et dans leur propre perte où ils se precipitent d'eux mesmes. Dieu veuille que nous n'en voyons pas l'exemple en ceux cy trop tost pour eux ; car j'aymerois bien mieux qu'ils recognussent leur faulte et qu'ils se rangeassent à leur debvoir.....

» J'ay prins grand plaisir de voir le destail des reparations que vous avez faictes, et loue grandement vostre bon mesnage. Il ne fault que continuer, et j'espere que vous en viendrez encore mieux à bout deshormais que vous ne serez plus distrait, comme vous estiez, pour la deffence des procès, et que le fonds à ce destiné ne sera plus distrait en frais de procès et voyages inutiles, ou pour le moins bien mal employés en chicanes, au lieu qu'il fauldroit desirer de n'avoir pas d'occasion d'en faire, que pour des visites de monastaires et pour le service divin actuellement, et mesme pour la visite des eglises de ma nomination, où je ne plaindrois pas la despance quand vous les iriez toutes charitablement visiter les unes apres les autres, et y faire des predications et exhortations publiques au peuple et admonitions privées aux presbtres servants; le tout *gratis* et sans faire d'acte de jurisdiction qui pust donner de l'ombrage tant soit peu aux officiers et vicaires de Mgr le cardinal. Plus tost j'approuverais d'y faire mesme quelque aulmosme en chascune de ce dont elles pourroient avoir de besoing, encores que je n'en soye tenu (1). »

Quelle bonté ! Quel désintéressement ! Quel amour du bien ! Quelle sagesse ! Quel esprit chrétien !

CHAPITRE CINQUIÈME

Suite des démêlés de Peiresc avec le cardinal de Sourdis. — Bref du Pape à Peiresc. — Lettre du cardinal au prieur de Guîtres. — Bref du Pape à l'archevêque de Bordeaux. — Lettre de Peiresc au cardinal. — Sentiments de Peiresc en apprenant sa mort.

Le jour (1er février 1625) où Peiresc traçait de sa main les belles pages qui terminaient l'article précédent, il écrivait encore au P. Du Val : « Je vous ay promis affermer Guistres à 2,000 livres comme il estoit. Faictes-y le meilleur mesnage que vous pourrez. Je laisse le tout à vostre absolue disposition. J'attends bientost mon indult de Rome, qui me fournira le moyen de l'evocation generalle au Grand Conseil afin de pouvoir mettre de l'ordre en mon abbayie, et avoir de quoy faire du bien à mes amys et me mocquer de mes ennemys et *envieux*. »

Ces *envieux* — ou plutôt cet envieux — que Peiresc ne nomme pas — était le cardinal de Sourdis qui, tout récemment encore, « avoit acquis en son propre et privé nom le prieuré de Sablon dépendant de l'abbaye de Guîtres, et situé tout vis-à-vis d'icelle, de l'autre côté de la rivière de l'Isle. Ce qui fait assez connaître, ajoute Peiresc, qu'il ne démordoit pas encore du dessein qu'il pouvoit avoir eu sur ladite abbaye (1). »

Pour couper court à des contestations qui répugnaient à son naturel ami de la paix, Peiresc résolut de recourir au Souverain Pontife ; et, vers la fin de 1624, il lui fit présenter une supplique. L'abbé de Guîtres représente au Pape que, durant les cinq années environ écoulées depuis que le Saint Siége

(1) *Instructions à M. le Prieur de Roumoules* ; Registre LI, f. 370.

lui a confié le monastère de Guîtres ravagé par les hérétiques et laissé dans cet état par la négligence des abbés ses prédécesseurs, il a toujours désiré y rétablir l'antique discipline sous la règle de saint Benoît. A cette fin, il a, pendant ces cinq années, employé tous les revenus du monastère, sans exception, à réparer l'église et les bâtiments, lesquels sont tellement ruinés que, durant quarante ans, il n'y eut aucun moine habitant le monastère (1). L'abbé est cependant parvenu à en réunir jusqu'à six (2), de bonne vie et mœurs, qui ont fait profession et même juré d'embrasser la réforme aussitôt qu'elle y sera introduite (3). Or, comme les titres du monastère ont été perdus à la suite des guerres, et que, présentement, presque tous les prieurés simples dépendant du monastère et qui, d'après leur fondation, devraient être conférés aux moines, ont été donnés en commende à des séculiers, les revenus de l'abbaye sont tellement diminués, qu'il est impossible d'y entretenir un nombre suffisant de religieux pour faire l'office divin; impossible également de mettre à exécution tout projet de réforme. En conséquence, Peiresc

(1) Le monastère ayant été ruiné en 1570, comme il a été dit plus haut, c'est donc seulement vers 1610 qu'il commença à servir d'asile à quelques religieux.

(2) Peiresc avait d'abord écrit *quatre*, *quatuor monachos;* mais le mot a été retiré, et le bref du Pape porte qu'il y avait alors *six* religieux à Guitres. On n'a pas oublié d'ailleurs que le monastère en comptait deux seulement en 1618, lorsque Peiresc fut nommé abbé. Cela étant, on se demande comment Souffrain a pu dire que, le 2 janvier 1622, « le roi (Louis XIII) étant arrivé à Guitres, à une heure après midi, y fut accueilli processionnellement avec la croix, par le chef de l'abbaye, à la tête de *quarante* religieux *bénédictins* » (*Essais, Variétés historiques et Notices sur la ville de Libourne et ses environs;* Bordeaux, 1806, t. I, 2e partie, p. 391). Si ces religieux étaient vraiment *quarante* et tous *bénédictins*, ils avaient dû s'assembler à Guîtres des diverses abbayes de Sainte-Croix de Bordeaux, de La Grande-Sauve, de Saint Sauveur de Blaye, et peut-être d'ailleurs, car, pour compter *quarante* moines appartenant à l'abbaye de Guîtres, il faut embrasser près de deux siècles. M. Guinodie commet aussi une inexactitude quand, parlant de Peiresc, il dit que « cet abbé reçut Sa Majesté, le 2 janvier 1622, à la tête de quarante prêtres ou religieux, et la conduisit dans la maison abbatiale » (*Histoire de Libourne*, t. III, p. 321). Peiresc ne vint à Guîtres qu'en 1623, et en janvier 1622 il était à Paris, puisqu'on a des lettres de lui datées de la capitale le 30 décembre 1621 et le 7 janvier 1622. M. Guinodie dit encore (t. III, p. 322) que Peiresc « prit l'habit religieux. » L'historien de Libourne ne paraît pas avoir eu une idée bien nette de ce qu'était autrefois un abbé commendataire.

(3) Peiresc songeait alors à introduire dans son abbaye les Bénédictins réformés de Saint-Maur, et le texte de son projet de supplique portait d'abord ces mots : *Præs-*

supplie le Pape de lui accorder, pour tout le temps qu'il sera abbé de Guîtres, la grâce et faveur spéciale de conférer à ses religieux tous les prieurés dépendant de son abbaye qui viendraient à vaquer par résignation ou par mort. En outre, Sa Sainteté sera priée d'ordonner que tous les prieurés conférés et à conférer, en commende ou autrement, par ledit abbé, ne pourront, durant sa vie, être résignés à d'autres qu'aux religieux admis par lui dans le monastère, à peine de nullité de la résignation, laquelle nullité pourra être prononcée par toute sorte de juges, *per quoscumque judices* (1).

La chaire de saint Pierre était alors occupée par Urbain VIII, auparavant cardinal Maffeo Barberini, qui avait été Nonce en France sous Henri IV. Peiresc était entré en relation avec ce cardinal à l'occasion d'une ode composée par celui-ci en l'honneur de sainte Madeleine, que Peiresc fit imprimer en France (2). Il était à Orléans lorsque, au mois d'août 1623, il apprit l'exaltation du nouveau Pape. Il lui écrivit aussitôt une lettre de félicitation qui fut très agréable à Urbain VIII (3). Aussi la requête, si bien motivée d'ailleurs, que Peiresc lui adressa, ne tarda-t-elle pas à être exaucée, toutefois avec la prudence et la sagesse ordinaires au Saint-Siège.

Après avoir rappelé, en termes fort élogieux, les vertus de Peiresc et ce qu'il a fait pour son monastère, le Souverain Pontife lui accorde, pour tout le temps qu'il le possèdera,

tito per eos (monachos) juramento de accipienda reformatione Congregationis Sancti Mauri nuncupatæ nunc in Galliâ virescentis ejusdem ordinis, postquam illos monachos in monasterium prædictum sub Sanctitatis Vestræ et Sedis Apostolicæ beneplacito introduxerit quod utique, Deo dante et eâdem Vestra Sanctitate annuente, orator dictus efficere intendit. Mais en marge de ce texte, Peiresc a mis cette note : « Si cecy se peut obmettre ou deguiser un petit, il en vaudroyt mieux, pour ne laisser à redire aux brouillons en cas de retardement de ce bon œuvre. » L'agent de Peiresc à Rome fut sans doute de cet avis, car le bref du Pape ne fait aucune mention de l'introduction à Guitres des Bénédictins de Saint-Maur.

(1) Registre LI, f. 282.

(2) Gassendi, *De vita Peireskii*, lib. III, *Oper.*, t. V, p. 286. On trouve cette ode aux pages 68-75 de la belle édition des *Poemata Urbani Papæ VIII*, donnée en 1642 (in-folio) à Paris, de l'imprimerie du Louvre.

(3) Gassendi, *loc. cit.*, p. 293.

droit de collation sur tous les prieurés dépendant de l'abbaye donnés en commende et actuellement entre les mains de clercs ou de prêtres séculiers, pourvu toutefois que ces bénéfices ne soient pas conventuels ou possédés par des cardinaux de l'Église romaine. Mais l'abbé de Guîtres et ses délégués ne pourront conférer ces prieurés qu'aux religieux dudit monastère déjà profès ou disposés à faire profession ; et ces derniers seront tenus, à peine de nullité des provisions, de prendre l'habit religieux dans les six mois qui suivront la collation, et de faire profession après un an de noviciat. Ceux qui auront été pourvus de la sorte mettront en commun les fruits et revenus de leurs bénéfices pour en former une masse conventuelle; néanmoins cette disposition n'entraînera pas l'union perpétuelle ou même temporaire de ces prieurés à ladite masse. Tous les prieurs nommés par l'abbé devront encore, dans les huit mois qui suivront chaque collation, obtenir du Siége Apostolique de nouvelles lettres de provision. Enfin, dans chaque titre de collation, il sera fait une mention expresse et spéciale du présent bref, afin que nul n'en puisse prétexter ignorance; autrement les provisions seront nulles, et les prieurés ainsi conférés seront réputés vacants. Ce bref est daté de Rome, le 22 février 1625.

Avant d'user des priviléges qui y sont accordés, avant même de le communiquer au cardinal de Sourdis, Peiresc pria le Pape d'y faire certaines additions qu'il lui soumit. Quelques-unes furent écartées; les autres furent insérées dans un nouveau bref où le précédent était reproduit, et qui est daté du 9 décembre 1625. On le trouvera à la suite de cet opuscule.

Pendant que Peiresc attendait le bref du 22 février, l'archevêque de Bordeaux terminait un différend qui s'était élevé entre le vicaire perpétuel de Guîtres et le P. Du Val.

Le cardinal de Sourdis écrivait à ce dernier, le 7 février 1625 :

« Monsieur le prieur de Guistres; J'ay veu les differends

qui sont entre vous et le vicaire perpetuel de vostre abbaye, lesquels je desire terminer pour garder desormais la concorde ensemble à l'édification des ames. L'on m'a representé que, pour le regard du service divin, cela a desja esté reglé par mon vicaire general, et qu'il ne reste plus que ce qui touche les enterremens. Ça esté toujours mon advis que les religieux de vostre ordre se doivent esloigner de tous ces offices, et ai trouvé fort mauvais qu'ils veuillent s'entremesler de la charge des curez. C'est pourquoy je trouve fort juste que vous laissiez faire en cela le vicaire perpetuel, et que vous vacquiez avec vos religieux aux offices qui vous sont prescripts par vostre regle. De dire que quand l'on fera ung enterrement dans l'abbaye, principalement dans vostre chœur, c'est à vous à y officier, les conciles provinciaux de Bordeaux y ont pourvu, defendant toutes sepultures ès eglises, excepté des prêtres, patrons des eglises et seigneurs justiciers des lieux, et quelques ungs de qualité et qui ayent grandement merité de l'Église, et pour ceux cy seulement avecq la licence et permission de l'evesque ordinaire. A ceste cause, je ne veux plus, à l'advenir, tolerer l'abus qui s'est glissé jusques à present à Guistres, d'ensevelir les corps en l'eglise; au contraire, je le defends, et vous prie de considerer de combien importeroit ceste contravention aux saincts decrets pour la police de ceste province. Cela estant bien gardé, vos differends cesseront. Je seray neantmoins toujours prest d'entendre les requestes de ceux qui seront bienfaicteurs de l'eglise, mais non de ceux qui veulent estre enterrés au chœur, que rarement et pour grand subject, et en ce cas, je seray content que vous fassiez l'office au chœur. Au surplus, je veux que le vicaire perpetuel vous honore, qu'il assiste au service de l'abbaye aultant que sa charge le permettra, et qu'il communique avecq vous, et qu'estant tous deux de bonne intelligence, le peuple en soit edifié; et moyennant ce, je vous appuyerai efficacement à promouvoir vostre reforme, laquelle j'ay toujours desirée, et vous osteray tous les empeschemens que les refractaires pourroient vous apporter. Sur ce, je prie Dieu, M[r] le prieur de Guistres, qu'il vous benisse. Escript à

Bordeaux, le 7 febvrier 1625. Vostre plus affectionné : F., C[al] ar. de *Bordeaux* (1). »

Peu de temps après avoir fait expédier à l'abbé de Guîtres le bref du 22 février, Urbain VIII en adressa un autre au cardinal de Sourdis. Voici la traduction du texte original de ce bref qu'on pourra lire au bas de la page (2) :

« Urbain VIII à notre cher fils, salut et bénédiction apostolique.

« Le témoignage flatteur des hommes éclairés a, depuis long temps déjà, fait ici, dans cette patrie de toutes les nations, un nom honorable à notre cher fils Nicolas de Peiresc. Studieux amateur des lettres et des lettrés le protecteur, il a conquis, à ces titres, les applaudissements de la renommée qui sont l'aliment ordinaire de la gloire et la récompense du mérite. Et, ce qui est le point capital, nous avons appris de

(1) Archives de l'Archevêché ; correspondance du cardinal de Sourdis ; copie de Bertheau. Le 6 juin 1626, l'archevêque de Bordeaux intervint encore dans le démêlé qui existait entre le prieur et le vicaire perpétuel de Guîtres, au sujet de la préséance et de la perception des droits curiaux. Il fit alors un règlement rapporté par Ravenez : *Histoire du cardinal de Sourdis*, p. 530-531.

(2) « Urbanus VIII. Dilecte Fili noster, salutem et apostolicam benedictionem. Honorificis sapientium testimoniis jam diu in hàc patriâ nationum, ornatur nomen dilecti filii Nicolai Fabricii de Peresck. Illi enim litterarum patrocinium eos famæ plausus conciliavit, qui alimenta gloriæ et præmia solent esse virtutis. Quod autem caput est, accepimus eum iis artibus pollere, quibus non modo evanidæ *choragium* laudis, sed beata etiam spes cœlestis principatus comparatur. Cum enim præsit abbatiæ Benedictinæ de Aquistria, fertur diligentissime curare, ut monachi inibi excubantes intelligant se mereri in castris christianæ pœnitentiæ, et in gymnasio sapientiæ orthodoxæ. Pios tàm boni commendatarii conatus cùm apostolica sollicitudo probaverit, par est authoritatis etiam tuæ patrocinio juvari. Id autem à te non solum flagitat ipsius Fabritii virtus, sed pontificia etiam voluntas propemodum exigit. Cumulabimur certe solatio maximè optato, si ille testari poterit, sibi Dei causam curanti, non parum profuisse favorem dignitatis tuæ. Id autem à te omninô speramus, cujus consiliis legem dicere solet pietas et justitia. Quam enim ditionem ei in monasterium illud pontificia authoritas detulit, eam, ut vides, non decet *ullius* potentia violari, tibique apostolicam benedictionem amantissime impertimur. Datum Romæ apud S. Petrum die V. Aprilis M.DC.XXV, pontificatus nostri anno secundo. » Ce texte est conforme aux trois copies insérées dans le Registre LI, fol. 249, dont une est écrite de la main propre de Peiresc. Au lieu de *choragium*, les deux *Gallia christiana* ont mis CORHAGIUM, et au lieu de *ullius* ils ont lu ILLIUS *potentia violari*. Cette dernière leçon laissant suspendu le sens de la phrase, les auteurs du *Gallia* de 1720 (tome II, col. 879) ont soupçonné dans le texte donné par le *Gallia* de 1656 (tome IV, p. 75) une lacune, et ils l'ont comblée par un *etc.* placé après le mot *violari*.

plus qu'il est excellemment doué des talents par le moyen desquels on acquiert, non pas seulement l'apparat d'une gloire fugitive, mais encore la bienheureuse espérance de la dignité céleste. Préposé à l'abbaye bénédictine de Guîtres, on constate qu'il met le plus grand soin à faire entendre aux religieux postés en sentinelles dans ce monastère, qu'ils sont enrôlés sous l'étendard de la pénitence chrétienne, et voués à l'exercice de l'irréprochable sagesse. Ces pieux efforts d'un aussi digne commendataire, il est bien juste que vous les secondiez également du patronage de votre autorité. Ce rôle à exercer de votre part, nous ne dirons pas seulement que le mérite de l'abbé Fabri le réclame de lui-même hautement, mais en outre la volonté Pontificale va presque jusqu'à l'exiger. Ce sera pour nous, soyez-en sûr, le comble de la consolation et la satisfaction de notre plus ardent désir, d'apprendre, par le propre témoignage de l'abbé, que, dans sa sollicitude pour la cause de Dieu, il n'a pas été médiocrement assisté de l'appui de votre pouvoir. Voilà ce que nous attendons de vous en toute confiance, de vous dont les décrets sont, pour l'ordinaire, les propres arrêts de la piété et de la justice. Lorsqu'il s'agit, en effet, d'une juridiction monastique dont un sujet a reçu la collation de l'autorité Pontificale, il ne convient pas, vous le sentez, de voir cette attribution violée par le fait d'une autorité étrangère, quelle qu'elle soit; et nous vous donnons de tout cœur la bénédiction apostolique. Donné à Rome, près Saint-Pierre, le 5 avril 1625, la seconde année de notre Pontificat. »

Ce bref dut être remis au cardinal, vers la fin du mois de juin 1625, par le frère de Peiresc, M. de Vallavez, lequel était alors à Paris (1). L'archevêque de Bordeaux s'y trouvait

(1) « Des usurpations de Mgr le Cardinal de Sourdis, j'espere que j'en aurai quelque raison tôt ou tard, si mon indult est une fois enregistré au Grand Conseil où j'espere faire tirer nos differends, s'il n'accepte la voie amiable que je lui offrirai toujours. Cependant, mon frere lui en parlera et lui en fera parler par M. le Cardinal Légat, en lui presentant un bref du Pape adressé à lui expres pour cela, dont j'attends la responce au premier jour, et tout au pis aller j'espere qu'il surçoira les affaires du presbtre de Bayas et de celui de Mouillac; sinon, nous nous pourvoyrons, Dieu aidant, comme il sera trouvé plus à propos. » (Lettre de Peiresc au P. Du Val, du 17 juin 1625: Registre LI, f. 56.)

pareillement, à cause de l'assemblée générale du Clergé à laquelle il assistait en qualité de député de la province. Quelle ne fut pas la surprise, ou plutôt la stupeur de François de Sourdis quand il eut connaissance de ce que renfermait la lettre du Pape! Quoi! lui, archevêque de Bordeaux et cardinal, lui, abbé de Guîtres en désir, invité par le Pape, non seulement à ne pas contrarier, mais à aider positivement de son autorité les efforts du *si bon commendataire* qui possédait l'abbaye de Guîtres! Lui, archevêque tout-puissant, habitué à imposer ses volontés *sans phrase,* s'entendre dire par le Pape que telle est la volonté du Pape, *Pontificia voluntas exigit,* et que tout pouvoir, *ullius potentia,* même celui d'un cardinal de Sourdis, doit respecter l'autorité et la juridiction de l'abbé de Guîtres sur son monastère! Assurément, il y avait là de quoi mécontenter de moins susceptibles que l'archevêque de Bordeaux. Il se plaignit à Peiresc, l'accusant d'avoir sollicité ce bref du Souverain Pontife. Mais le crime consistait bien plus à accorder le bref qu'à le demander, et le coupable, s'il y en avait un, c'était le Pape lui-même. Aussi Peiresc ne fut-il pas embarrassé pour répondre; mais sa lettre s'égara en route ou fut interceptée. C'est seulement au bout d'un an que le cardinal reçut de Peiresc une seconde lettre. Elle est datée du 7 juin 1626, et l'on y voit l'histoire véritable des deux brefs adressés par Urbain VIII aux deux parties adverses.

« MONSEIGNEUR,

« Ma mauvaise fortune me reservoit encore ce malheur parmy tout plein d'aultres, que les depesches que j'avois faictes en vos quartiers sur le subject de la lettre dont vous daignastes m'honorer avant votre partement de Paris (1), furent interceptées par les huguenots mutinés, sans que j'en aye esté

(1) Au mois de février 1626, l'assemblée ayant été close le 22 de ce mois.

adverty que bien tard; ce qui vous auroit peu fournir un très juste subject d'entrer en quelque sinistre conception de moy, ne voyant point comparoir en temps et lieu les très humbles remercîmens que je vous debvois de tant d'excez d'honneur et de bienveuillance dont vous m'avez comblé et donné de si chers tesmoignages par vostre lettre. Mais comme je vous puis asseurer de bonne foy que je n'aurois point manqué à ce debvoir, je m'asseure aussy que vous ne le revocquerez point en doubte, puisque vous sçavez de plus longue main combien je vous suis acquis et à touts les vostres. Je vous supplie tres humblement, Monseigneur, de le croire ainsi, et que si je n'ay peu ou ne puis à l'advenir me rendre assez digne de tant de bien, c'est parce que je n'ay pas eu et n'ay pas encore de suffisants moyens de vous rendre d'assez dignes effects de mon fidele service; mais si Dieu m'en augmente les facultez, je m'en acquitteray mieux. Cependant je suppleeray avec la bonne volonté et fidélité inviolable, sans rien espargner de tout ce peu qui pourra dependre de moy et estre à ma disposition ou de mes amys. Vous le recognoistrez mieux, Monseigneur, si vous m'honorez de vos commandemens et si vous usez de l'absolu pouvoir que vous vous estes acquis sur moy, comme je vous supplie de faire en toute liberté.

« Or, pour revenir au subject de vostre lettre, vous me permettrez de vous dire derechef, puisque mes precedantes se sont perdues en chemin, que je n'avois point faict faire de recherche du Bref de Nostre Tres Saint Pere qui vous a esté rendu, parce que je ne me serois pas donné ceste vanité ne ceste presomption de le demander, et ne sçavois pas mesme que ce fust chose à laquelle on puisse penser. Il est venu du propre mouvement de N. S. Pere, à qui je fis veritablement demander un indult pour mon abbaye par ung de mes amys qui avoit eu autres fois quelque familiarité avec Sa Sainteté, et de qui Sa Sainteté voulut s'enquerir particulièrement de la situation, des moyens et de l'estat de l'abbaye, ce qui porta ce mien amy, — pour vous dire tout ingenuement, sans rien celer, — de luy dire non seulement qu'elle estoit dans vostre diocese, que les ruynes qui y estoient advenues durant les guerres estoient bien grandes et la perte des titres et documens bien dommageable, mais aussy que l'un de mes plus grands griefs estoit l'usurpation de la plus part des biens et droits d'icelle, et le trouble que j'y avois receu et que j'y recevois encore bien souvent, par l'artifice et le credit que les parties, interessées en telles usurpations, avoient sur les lieux envers les officiers tant ecclésiastiques que temporels, et par l'adresse qu'elles avoient pour surprendre et circonvenir quelque foys la religion des juges. Aussy tost Nostre Saint Pere, de son propre mouvement, dict que vous aviez toujours esté tant de ses amys, qu'il vous en vouloit escrire en ceste qualité, et qu'il vouloit mesme mander à Mgr le Cardinal Barberini, son neveu (1), de vous en parler avant qu'il se rendît de France, afin que vous m'y aydassiez tant plus volontiers de vostre austorité, adjoutant qu'il me vouloit donner un Indult le plus favorable qu'il se pourroit. Et de faict, il me fit expédier l'un et l'autre; mais l'indult en termes si advantageux, que je ne pense pas qu'il s'en soit jamais veu de pareil. Car Sa Sainteté s'est absolument despouillée du droit des collations des benefices de la dependance de mon abbaye, ma vie durant, voulant qu'elles soyent à la pleine disposition de moy ou de mes vicaires, de quelque façon qu'ils vacquent, *per cessum, vel decessum, incapacitatem, incompatibilitatem*, et tous autres moyens de vacquance, pour lesquels on vouloit recourir au Saint Siège, revoquant toutes admissions de resignation qui se pourroient faire en Cour de Rome dans ce temps-là, ce qui n'avoit point encore esté vu que je scaiche, et a, comme je pense, esté cause que Mgr le Chancellier n'a pas fait difficulté de passer au sceau les lettres d'attache sur cet Indult, bien qu'il les

(1) François Barberini, né à Florence le 23 septembre 1593, créé cardinal diacre par le Pape Urbain VIII, le 10 octobre 1623. Comme son oncle, il fut un des nombreux correspondants de Peiresc. Il daigna même le visiter, ainsi qu'on le voit par la *Lettre de M. de Peiresc, écrite d'Aix à son frère alors à Paris, dans laquelle il lui donne des détails sur une visite que lui avoit faite le cardinal Barberini, neveu du Pape Urbain VIII, légat en France, le 27 octobre 1625, publiée par le président de Saint-Vincens* (Aix, Pontier, in-8°).

aye jusqu'à present refusées à M. le Comte de Moret (1) et à tout plein de grands Prelats de ce Royaume, qui avoient obtenu des Indults en la forme ancienne, dont je suis demeuré grandement honteux et confus, scaichant bien que je ne meritois pas cette prerogative. Mais N. S. P. le Pape et Mgr le Cardinal legat, son neveu, et Mgr le Chancellier ont eu esgard à mes bonnes intentions, et m'ont voulu donner tant plus de moyen de parvenir au restablissement que je desire faire de l'ordre et discipline monachale en ce pauvre monastere, ce qui ne sera pas malaisé si les benefices qui en dependent sont deshormais conferez à ceux qui y serviront actuellement dans l'observance des règles et discipline. Messieurs du Parlement de Bordeaux me font esperer de leur costé qu'ils y contribueront volontiers ce qui pourra dependre de leur authorité, laquelle se joignant à la vostre, Monseigneur, dont je doibs faire mon principal et plus grand capital, puisqu'il vous plaist me la promettre en termes si exprès et si advantageux pour moy, je ne voids pas qu'il y puisse meshuy rien avoir à craindre au contraire, ne que les artifices et malignités de ce mauvais religieux discolle dont vous avez tant ouy parler, ou bien de son frere et aultres de ses supposts, puissent faire aulcun obstacle considerable à une si bonne et si innocente entreprinse que la mienne.

« Je crois bien que vous aurez sceu, Monseigneur, ce qu'il a faict en haine de ce que je ne luy ay pas voulu laisser entreprendre de faire la fonction de prieur claustral, et que j'ai faict mettre en ceste charge un homme de bien qui ne respire que l'ordre et la discipline, et specialement la multiplicité des

(2) Antoine de Bourbon, comte de Moret, fils naturel de Henri IV et de Jacqueline de Bueil, né à Fontainebleau en janvier 1607, et tué au combat de Castelnaudary, le 1er septembre 1632. Il fut abbé de Notre-Dame de Savigny au diocèse d'Avranches, de Saint-Etienne de Caen au diocèse de Bayeux en 1622, de Notre-Dame de Signy au diocèse de Reims et de Saint-Victor de Marseille en 1624. (Cfr. Moréri, art. *France*; — *Gallia christiana*, passim; — Grandet, *La Vie d'un solitaire inconnu, mort en Anjou, en odeur de sainteté, le 24 décembre* 1691; Paris, 1699, in-12, p. 227 et suiv.) Ce dernier auteur prétend qu'Antoine de Bourbon ne mourut pas en 1632, mais qu'il se fit ermite; thèse qui a été reprise par M. Bascle de Lagrèze, dans la *Revue d'Aquitaine* de 1867, tome XI. L'article a été tiré à part, sous ce titre : *Le Comte de Moret.*

procès qu'il m'a suscitez, afin de lasser et degouster et moy et celuy qui y tient ma place, s'il eust peu, et de le faire abandonner ce pauvre lieu, lequel il a voulu remplir, comme vous savez, et de petits enfants pour occuper toutes les places monacales de gents à sa devotion qui ne fissent pas difficulté de l'advouer pour leur superieur, et de soldats pour, sous pretexte d'une place de moyne lay, se rendre le maistre de la maison et en exclure enfin le bon pere Du Val et aultres religieux bien venants, et fermer la porte aux aultres que je suis après d'y introduire; comme il n'a pas tenu à luy, qu'il n'ayt faict exclure le P. Du Val de l'eglise abbatiale par le vicaire seculier et par celuy qui le souloit seconder en la parroisse, desquels il dispose à son gré, principalement du second, qui faict une vie aussy mauvaise et quasi aussy scandaleuse que la sienne. Ce qui faict que je vous supplie tres humblement, Monseigneur, d'y pourvoir de remede convenable, et d'agreer que, puisque cet homme qui sert pour second n'est pas titulaire, ains seulement à gages annuels et pour certain temps prefixe, que sa place soit remplie par quelque autre qui en soit plus digne, et si faire se peut, par celuy que j'envoye de ce païs pour cet effect, afin que ces bons religieux ayent quelqu'un avec qui ils se puissent consoler et de qui ils se puissent fier sans regret, qui ayde à les tenir en bonne intelligence avec ce peuple, tout au contraire de l'autre qui se plaît à semer et nourrir toujours l'esprit de division et de discorde parmy eux. Si vous daignez jetter les ieulx sur les memoires qui en ont été dressés (1) et ouyr ce qui vous en sera representé de ma part, vous aurez, je m'asseure, compassion de voir les mauvais traictemens, indeues vexations et traverses quasi en toutes choses, que ces bonnes gens ont souffertes en ce païs là, lesquelles n'auroient point de fin, si on ne commence point par quelque bout de roigner les aisles à ces mauvais garnimens, et leur soubstraire ceux qui les ressemblent et leur servent d'instrumens de leur passion et de

(1) Ce sont les *Mémoires qu'il fauldra tascher de faire voir à Mgr le Cardinal...* datés du 12 juin 1626, plusieurs fois cités.

leur rage, comme faict celuy là, pour y substituer des gents pacifiques et bienvenants qui produiront des effects tout contraires, comme pourra faire celuy cy, au cas qu'il vous plaise de l'y employer. Je vous en supplie tres humblement, Monseigneur, en attendant qu'il se presente occasion opportune de mettre à execution tout ce que mon frère de Vallavez vous a proposé de ma part sur la presentation de ceux de vostre seminaire, que je serais tres aise de preferer tousjours à tout aultre, soubs vostre bon plaisir et volonté. Cependant j'envoye encor au P. Du Val, pour le secourir, un religieux qui a bonne envie de bien faire et de s'attacher comme il fault à l'observance reguliere, attendant que le lieu soit en estat d'y recevoir ceux qui pourront faire encore mieux.

« J'ay grand regret d'avoir esté si long en ce discours, et d'avoir possible abusé de vostre patience; mais le juste sentiment du tort qui m'a esté faict, et à ces bons peres, m'a faict outrepasser les mesures d'une lettre, sur la confiance que j'ay en vostre debonnaireté, laquelle excuseroit bien de plus grandes faultes en la personne de celuy qui faict la profession que faicts d'estre absolument, Monseigneur, vostre tres humble, tres obeissant et tres fidelle serviteur. — DE PEIRESC (1). »

Cette lettre, aussi fine que franche, en apprit au cardinal de Sourdis plus long, probablement, qu'il ne désirait en savoir; mais elle ne modifia en rien ses sentiments au sujet de l'abbaye de Guîtres. Elle conservait toujours à ses yeux les mêmes charmes : peut-être aussi, répétons-le, — car il faut être charitable pour ne pas risquer d'être injuste, — peut-être le cardinal sentait-il en lui-même la volonté et la force nécessaires pour y introduire la réforme, comme il l'avait fait en son abbaye de Saint-Laumer au diocèse de Blois. Au rapport de Peiresc, le P. Du Val passant, l'été de 1627, « par une maison des champs du cardinal », et l'étant allé saluer, « le cardinal ne fit pas difficulté de s'ouvrir à lui, et lui dit librement qu'il désiroit avoir ladite abbaye; mais que, n'ayant pas de petits

(1) Registre LI, f. 61,62; brouillon autographe de Peiresc.

benefices pour bailler en eschange, il vouloit en faire deux mille livres de pension payables sous bonne et suffisante caution dans Marseille, à tel qui seroit agréé par ledit sieur abbé ». Mais Peiresc « ne trouva pas que ce fût chose bien faisable de sa part, sans venir à une permutation formelle, attendu que les pensions ne peuvent pas régulièrement être cédées et transmises à autres que ceux qui les ont stipulées; or ledit sieur abbé désire pouvoir remettre dans quelque temps ladite abbaye ou autres bénéfices qu'il pourroit avoir en eschange, à un sien parent (1). » Et comme, en 1628, l'archevêque de Bordeaux persistait encore dans ses projets, Peiresc donnait pour instruction au prieur de Roumoules, qui le représentait à Guîtres, de prier le cardinal de le « tenir pour excusé s'il n'entendoit à ladite proposition, et de ne point vouloir interpréter son refus à aucun defaut de bonne volonté en son endroit (2). »

Ce que Peiresc ajoute ensuite laisse entendre fort clairement que le bref du Pape au cardinal n'avait pas mis fin au principal différend qui les divisait. « Si, dit-il, le sieur prieur de Roumoules voyoit qu'il y eût aucun jour d'entrer en quelque traité avec le cardinal pour terminer amiablement les differends qui sont entre lui et le sieur de Peiresc pour raison des patronages et droits de nomination et présentation aux cures dependantes des membres de ladite abbaye de Guîtres, dont les officiers dudit cardinal affectent journellement de frauder ledit sieur abbé, il faudroit n'en perdre pas l'occasion, et voir quel seroit le sentiment du cardinal, sur lequel le sieur abbé enverroit incontinent bon et valable pouvoir pour consentir à tout ce qui auroit été trouvé raisonnable.

« Sinon, il n'y aura pas de danger, se trouvant en quelque discours desdits patronages, de lui dire en passant, que s'il ne donne contentement audit sieur abbé de ce côté-là, et qu'il continue le dessein de son voyage de Rome, il peut bien

(1) Probablement Antoine de Seguiran, neveu de Peiresc, qui lui succéda dans la commende de l'abbaye de Guîtres.

(2) *Instructions à M. le Prieur de Roumoules sur les négociations qu'il peut avoir à faire avec Mgr le cardinal de Sourdis de la part du sieur de Peiresc, abbé de Guistres.* (Registre LI, f. 370, 371 : copie.)

s'apprêter de bonne heure aux reproches qu'il en aura non seulement en Provence, s'il y passe, par tous les amis qu'il y peut avoir aussi bien que par ledit sieur abbé, mais encore dans Rome, où Mgr le cardinal Barberin et le Pape même avoient cru que leur recommandation dût avoir opéré cela, et davantage si besoin eût été, à leur premier clin d'œil, tant s'en faut que leurs prières de vive voix et par écrit y dussent être inutiles, comme elles ont été.

« Les instructions sur ce sujet avoient été autrefois envoyées au P. Du Val, où estoient les justes plaintes dudit sieur abbé, les propositions qui avoient été faites de sa part par le sieur de Valavez son frère audit seigneur cardinal, et les premières réponses dudit cardinal à des négociations à faire sur les lieux, et enfin tendantes à gagner du temps. Si ce cahier se peut trouver par deça, on dressera de nouvelles instructions sur ce sujet, lesquelles on enverra par la voie de la poste avec les autres choses qui sont demeurées en arrière (1). »

Les *Instructions* que je viens de citer sont datées du 5 février 1628. Si elles furent envoyées à Bordeaux, elles n'y arrivèrent pas en temps utile, car, le 8 février 1628, François d'Escoubleau de Sourdis mourait dans son palais, sans avoir été abbé de Guîtres. (Triste destinée des choses d'ici-bas : d'autres, après le cardinal de Sourdis, ont dû semblablement quitter ce monde où ils avaient joué un certain rôle, sans avoir pu parvenir à la Papauté ou même à l'Archevêché de Paris.) Malgré les sujets de légitimes plaintes que lui avait donnés le défunt, Peiresc fut sensible à cette mort. Voici en quels termes il en écrivit, le 26 février 1628, à M. de Monts, conseiller au Parlement de Bordeaux (2) :

« Nous avons apprins par nostre dernier ordinaire la mauvaise nouvelle de la mort soudaine de Mgr le cardinal de Sourdis, qui est une grande perte pour ce royaulme, voire pour toute la chrestienté, et specialement pour vostre pro-

(1) *Instructions* citées.

(2) Sur ce conseiller au Parlement de Bordeaux, voir la note de M. Tamizey de Larroque dans ses *Correspondants de Peiresc : I. Dubernard ;* Agen, 1879, in-8°, p. 7.

vince. M. de Maillezais (1) avoit eu tout à temps la coadjutorerie du bénéfice qu'il avoit de la collation du Roy. Je vous supplie de m'aider à m'insinuer en l'honneur de sa bienveillance à ceux qui ont charge des affaires de mon abbaye de par delà, et pour moyenner qu'il ne prenne pas en mauvaise part que j'aye usé du droit qui m'estoit acquis et à ma dite abbaye, dont le sieur prieur de Roumoules vous entretiendra, attendu que feu Mgr le cardinal mesme avoit trouvé fort bonnes mes poursuittes en Cour de Rome concernant l'Indult de mon abbaye, et avoit fort approuvé mes bonnes intentions de restablir l'ordre dans ceste pauvre maison desolée depuis si long temps. Vous savez qu'il me tenoit pour son serviteur, et ne doubte point que vos bons offices en mon endroict ne m'eussent procuré ce bien, et que vous n'ayez la mesme volonté de m'obliger envers son successeur, comme je vous en conjure tres humblement (2). »

Avant que cette lettre fût parvenue à M. de Monts, celui-ci écrivait à Peiresc le billet suivant qui témoigne à son tour des sentiments du cardinal de Sourdis pour l'abbé de Guîtres :

« Je crois que vous aurez reçu la lettre que je vous escrivois bientost apres la mort de M. le cardinal de Sourdis, de laquelle je vous donnais advis; vous asseurant que vous avés perdu un bon ami, luy ayant souvent ouy parler de vous, avec beaucoup d'honneur et d'estime, et vous tenoit pour le meilleur ami qu'il eût à Aix. J'ay veu souvent M. de Maillezé, qui tesmoigne vouloir seconder aux affaires dudit feu sieur cardinal son frère, et m'a souvent asseuré qu'il vouloit être de mes amis (3). »

Enfin, pour achever de faire connaître la grande âme de Peiresc, je citerai encore ce fragment d'une lettre non datée,

(1) Henri de Sourdis, frère du cardinal, évêque de Maillezais.

(2) *Lettres de Peiresc*, t. IV, f. 766.

(3) *Archives historiques de la Gironde*, t. XXIV, p. 66-67; lettre datée du 15 mars 1628, d'après une copie de la bibliothèque Méjanes à Aix. (Manuscrits, 1025, fol. 95.)

mais antérieure au 14 avril 1628, qu'il écrivait au même conseiller, M. de Monts :

« J'ay receu vostre lettre touchant les particularitez du decès de feu Mgr le cardinal de Sourdys de bonne memoire, lesquelles m'ont touschė au cœur, voyant la grande perte que le public a faict de ce prelat et les justes regrez de tant de braves hommes qui faisoient mestier de l'honorer et servir. Je ne doubte pas que M. de Maillezais ne vienne à bout de toute sorte de traverses, tant en cour de Rome que celle du Roy, eu esgard aux merites du deffunct et aux siens propres (1). »

CHAPITRE SIXIÈME

Peiresc pense à établir dans son abbaye des bénédictins réformés. — Lettre au P. Du Val. — Louis Chabert et Joseph Fauchier viennent à Guîtres. — Irrésolution du P. Cabrier. — L'abbé de Caunes est autorisé par Peiresc à visiter son abbaye.

Revenons à l'année 1625.

A cette époque, Peiresc avait formé le projet d'introduire dans l'abbaye de Guîtres les bénédictins de la Congrégation de Saint-Maur. Son dessein de réforme et les raisons trop légitimes, hélas! qui le lui avaient inspiré, il les expose dans sa longue et affectueuse lettre au P. Du Val, datée du 30 mai 1625.

« Monsieur le Reverend Pere ; J'ay veu toutes les lettres que vous avez escriptes à mon frere de Vallavez depuis qu'il

(1) Le tome III de la *Correspondance de Peiresc*, à la Bibliothèque Nationale, renfermait une lettre d'Henri de Sourdis à Peiresc, datée du 3 novembre 1636, comme l'atteste le registre de cette correspondance. J'aurais voulu citer ce document ; mais depuis plusieurs années, à ce qu'il paraît, cette lettre qui portait le n° 100 a été enlevée et remplacée par une autre copiée on ne sait où.

est en Cour, ensemble celles que vous m'escripvistes à moy du 12e mars et 7 d'avril dernier... J'ay eu grande honte de voir que, sans y penser, je vous aye donné tant de subject d'entrer dans les ombrages où vous vous estes porté à cause de mon silence, lequel certainement je ne suis pas resolu d'excuser, parce que je suis constrainct d'advouer que j'ay grandement failli en cela, et que j'estois obligé de m'acquitter mieux de mon debvoir en vostre endroict, et plus particulièrement que je n'ay faict. Mais c'est la mauvaise volonté qui faict le pesché, et non pas l'action (bien que mal faicte), si elle est faicte innocemment ou par infirmité humaine, comme cette mienne obmission. C'est pourquoy je me promets que vous me pardonnerez aussi aisement comme vous estes porté à cette senestre interpretation de mon silence, quand vous saurez (comme il est tres veritable), que depuis mon retour en ce pays, je n'ay presque point eu de relasche. Car sur ces premiers compliments qui me desroberent bien du temps, et la maladie que mon pere eut d'abord, je m'aperceus qu'on m'avoit vollé pendant mon absence, et qu'on avoit emporté tout ce que j'avois peu ramasser de plus curieux et de plus précieux en tous mes voyages, jusques à la valleur de plus de deux mil escus, ce qui me mist en fort mauvaise humeur et en grand exercice pour mettre ordre de tous costés à en rechercher quelque découverte (1)...

« Vous vous seriez bien passé d'entendre toutes ces fâcheuses particularités, aussi bien que moi de les rediger par écrit et m'en rafraîchir la memoire et le desplaisir ; mais vous n'eussiez pas si aisément compris les forcés motifs de mon silence, et la necessité qui m'avoit fait choisir de divers maux les moindres, et souffrir les avantages que Bommard et ses suppots ont pris sur moi, pour remedier aux autres plus

(1) Peiresc écrivait à Pierre Du Puy, le 6 décembre 1623, au sujet de ce vol : « Parmi tout cela, j'ay eu un si sensible desplaisir, m'estant apperceu que, pendant mon absence, on avoit vollé mon cabinet et emporté plus de deux mille escus de médailles d'or, pierreries et autres singularitez, que je ne scay comme avoir assez de courage pour y r'entrer, m'appercevant tous les jours de pertes que je n'avois pas recognües d'abord ; tant y a qu'enfin il fault se resoudre à la patiance. » Voir aussi Gassendi : *De vita Peireskii*, lib. IV, à l'année 1623, édition de 1651, p. 285-286.

importantes affaires, où il ne se pouvoit pas apporter tant de remede si je les eusse abandonnées, comme j'espère qu'il s'en trouvera contre ceux-là avec l'aide de Dieu. Mon plus grand regret est le desplaisir que vous en avez eu, et ce mauvais jugement que vous faisiez de moy qui estois plus digne de compassion que d'accusation en tout cela.

« Et possible à quelque chose malheur aura esté bon, car si on eut resisté à cette canaille, on leur eust osté le moyen qu'ils ont eu de me desobliger, et parce que je m'estois aulcunement prevallu de leur service ou de leur nom, encore qu'ils eussent commis quelque faulte en mon endroict, il eust semblé que je n'en deusse pas venir quant et quant à la punition, ains plus tost au pardon, et en la compensation des faultes posterieures avec la bonne volonté du commencement, pourveu seulement qu'ils se feussent recognus et mis en leur debvoir.

« De ce que s'estant portés aux extremités qu'ils se sont portés contre moy et les miens, ils se sont chargés d'un reproche irréparable, et d'un tort qui les rend odieux à leurs parents mesme et à leurs meilleurs amys, quand ils en vouldront juger sans passion. Et par consequent, il me sera plus honorable d'user de la punition en leur endroit que Dieu m'a mise en main, dont l'employ leur fera courre grande fortune de perdre leurs benefices; ce que j'eusse faict mal volontiers s'ils ne se feussent portés aux extremités qu'ils se sont portés de gayeté de cœur, et avec tant d'imposture et de calomnie qui bourrellera un peu leur propre conscience.

« Que si vous y avez eu la mortification si excessive comme elle a esté, le merite en aura esté tant plus grand devant Dieu, puisqu'il vous a donné assez de forces pour y resister comme vous avez faict, et que vous y avez faict paroistre la patience qui vous rendra digne de plus de repos et de tranquillité à l'advenir.

« Pour moy, je vous puis bien asseurer que j'en ay ressenti une bien grande mortification; et que, comme je l'ay imputtée à mes desmerites et l'ay receue comme venant de la main de Dieu, cela ne m'a pas esté inutile pour me faire mieux recognoistre et pour recevoir patiemment ce fléau et ce desplaisir si sensible parmy les autres visites des maladies de mon pere et de moy, et des autres affaires que nous avons eues sur les bras tout d'un coup, sans laisser hors de compte la perte de mes singularités que j'avois possible aymées plus que je ne debvois.

« Et au bout du compte, je confie tant en la miséricorde de Dieu, qu'il apaisera son ire sur nous et aura pitié de nous plus tost que de continuer ses fleaux, comme il a commencé de donner du relasche à mon pere et de luy moderer les doleurs qu'il avait eues jusques à maintenant d'une part, et nous a rendu l'advantage sur M. de Crequy et sur nos gents de Ryans qui avoient tant exercé nostre patience... Il continuera s'il luy plaict au surplus, et nous donnera les moyens qu'il nous a desja ouverts pour chastier ces mauvaises gents, et pour restaurer nostre pauvre esglise de Guistres, puisqu'il vous en a inspiré la bonne volonté et à moi aussy, et qu'il semble disposer encore d'autres personnes, à l'ayde desquels on se peust promettre d'en venir à bout. Car vous aurez le bon P. Cabrier qui sera bientost suivy d'un P. Chabert qui eust peu s'acheminer à presant, sans le malheur de la rencontre du depart inopiné du Cardinal Barberin de Rome, à qui estoient adressées les despesches où estoient les papiers à ce nécessaires, que j'ay depuis envoyés de rechef soubs autre adresse, et en attends la responce d'heure en heure.

« Or, si cela ne satisfaisoit à vos intentions et à vostre bon zeele, et si vous persistiez à vouloir absolument la refforme de la Congregation de Verdun, vous scavez bien que c'avoist esté mon premier dessain de l'y mettre, et que rien ne m'en avoit destourné que l'apprehantion que j'avois depuis eue, que vostre corps ne peust pas supporter l'abstinance entiere de la chair. C'est pourquoy si vous avez depuis esprouvé vos forces, et que vous esperiez de durer en cette austerité, je m'asseure que le bon P. Cabrier ne fera nulle difficulté de s'en retourner à Caunes, et je pourvoyrai bien au P. Chabert. Et en ce cas, au lieu de recevoir ne Hennequin ne Durand, il fauldroit traicter avec ces bons peres réformes, soit de

Sainct-Ferme ou de Sainct-Jean d'Angely (1), et les disposer de me donner une mission de six religieux dans Guistres, lesquels vous pourrez choisir; et pourveu que vous y soyez, je seray trop contant, et ne me soussieray pas de payer (outre et par dessus ces six là) la pension de Bommard; voire, si besoin est, la vostre mesme comme supernuméraire, afin qu'ils puissent estre six profès de leur congregation.

« Vous pourrez traicter avec eux, et s'ils se contentent de mille ou douze cents livres par an, je les leur bailleray de bon cœur, voire davantaige si besoing est, et m'estimeray grandement heureux si je puis accomplir ce bon œuvre par vostre entremise et bonne devotion, pourvu qu'il n'y ait rien d'incompatible ou de trop prejudiciable à vostre santé. Cependant vous pourriez employer les 1000 livres qui sont encores en main du conterrole de Bommard aux reparations plus necessaires pour le logement des dits pères, voire tout le revenu de la presante année, si besoing est, au moins une bonne partie pour transferer le chay et y faire vostre dortoir, suivant vos premiers dessains ou ce que ces bons pères desireront le plus, dont je vous laisse la plaine et absolue disposition, et traicter avec des ouvriers qui praignent les assignations de leurs paiements sur les rentes à venir.

« Et en attendant que la mission puisse venir, vous continuerez le service dans mon esglise avec le P. Cabrier afin de ne l'abandonner à ce meschant homme que Dieu a laissé naistre pour servir de fléau, mais vraisemblablement aussy pour servir un jour d'exemple par mesme moyen à ses semblables, et pour nous induire les uns et les autres à establir l'ordre de la vraye façon que il fault, et que se seroit possible difficilement estably d'aulcune autre manière qui feust jamais bien allée pour durer.

« Car de trouver des religieux bien doctes, bien habiles en economye, bien devots, et auxquels on se peult bien confier de toutes choses, comme vous me dictes d'en chercher, c'est

(1) Les moines de Saint-Ferme étaient de la congrégation des Bénédictins Exempts; ceux de Saint-Jean-d'Angély appartenaient à la Congrégation de Saint-Maur, en possession de ce monastère depuis le 30 octobre 1623.

chose trop difficile, et où il fauldroit bien du temps et courir bien du hasard en faisant l'essay ; tandis que de ces bons peres refformés qui peuvent changer, tantost les uns tantost les autres, il n'y aura rien à craindre, principalement si vous en estes du nombre, comme je desire et comme il me semble absolument necessaire pour le bien de cette esglise là.

« Que si vous n'y avez pas tant de repos qu'ailleurs, vous en meriteriez davantage, et avec la perseverance pourriez obtenir un jour le repos et la tranquillité d'esprit en ce lieu là, telle que vous pourriez esperer ailleurs. Car Bommard se peut convertir, et s'il est disponible de ses benefices, il faudra qu'il cherche party ailleurs, ou qu'il se retire en quelque autre monastaire non refformé, où je lui feray payer sa pension tres volontiers. En un besoing, nous le ferons condamner à cela, veuille il ou non.

« Enfin, il ne fault jamais desesperer de la Providence et bonté divine ; car lors que les choses semblent les plus gastées, c'est lors bien souvant qu'elles sont au point d'estre le plus avantageusement establies, comme à ce coup icy. Ayés seulement bon courage et bonne confiance en la force du bras divin que rien ne peut forcer ; mais je vous prie, n'entrez plus en aulcun ombraige de moy, ne en aulcune deffiance de mon amytié. Vous m'avez toujours tesmoigné tant d'affection et tant de sincerité, et m'avez si ardemment procuré toute sorte d'advantage et de contentement, que je serois le plus ingrat homme du monde, si je m'en rendois mescognoissant, et si je manquois de vous en scavoir le bon gré, et de vous en rendre en revanche le fidelle service dont je vous suis redevable à si juste tiltre pour tout le temps de ma vie. Car je vois bien que vous n'y avez pas espargné la vostre, et que vous vous estes sevré de toute sorte de tranquillité d'esprit pour l'amour de moy, et pour vous aller exposer à toute sorte d'incommodités et d'indignités. Aussy vous puis-je asseurer que ces obligations me sont si sensibles et me touchent si avant en l'ame, que je vous suis entierement acquis et tout ce que j'ay à ma disposition , mais tout à bon esciant et sans ceremonie, n'ayant rien de propre ne qui depende de moy, dont vous ne puissiez absolument disposer sans rien excepter. Je ne diray pas cela à aultre que à vous, non pas mesme à aulcun de mes proches, et je ne dis rien qui soit hors de ma pensée : vous cognoissez mon humeur.

« Je veux dire (comme je vous ay autres fois dict, et il estoit vray) que vous pouvez disposer de tous les droicts de mon abbaye à vostre bon plaisir et volonté ; je vous dis maintenant que je laisse à vostre arbitrage d'en faire aultant du tiltre mesme et de la proprieté que j'y ay, si cela peult servir à vostre commodité et à vostre contentement, tant je fais de cas de vostre amytié ; tant s'en faut qu'elle puisse avoir souffert aulcune diminution par vos desportemens passés. Je m'estois passé tant d'années de cette abbayïe, que je m'en passerois encore bien aysement et de bon cœur, pour le contentement d'un tel amy que vous estes et que vous m'avez esté de si longue main.

« Vous jugerez par là, puis que je remets le tout à vostre disposition, si vous ne debvez pas disposer sans regret de toutes les parties que vous vouldrez pour vostre contentement et pour celuy des bons peres refformés, si vous persistez en cette saincte resolution, auquel cas il sera bon que vous m'en advertissiez au plus tôt, car je ne laisseray pas partir le P. Chabert, si ce n'estoit pour entrer d'abord dans la refforme dans tel lieu que ces bons peres vouldroient establir.

« Et si cela passe oultre, ce sera le plus grand châtiment que peut arriver à Bommard et à tous ses complices, et le vray moyen de les faire tous crever de rage, sans qu'ils se puissent parer de ce coup qui rendra plus favorables au centuple toutes les causes et pretentions de mon abbaye, tant les temporelles que les espirituelles, et tant contre les habitans et tenanciers que contre Mgr le cardinal de Sourdis, à quy le pape a escript un brief d'importance en ma faveur, et pour l'admonester de faire cesser les traverses qu'il m'a données. Mon frere de Vallavez le luy donnera à Paris, et luy en fera parler par le Cardinal légat.

« J'ay receu mon indult; mais il y a quelques clauses que je seray bien ayse de faire adjouster, ce qui m'empesche de l'employer des à present; mais quand je l'auray, j'espere que nous aurons moyen de réunir tout plein de priorés desmembrés...

« Ces bons peres ne doivent pas insister à mettre plus grand nombre de six religieux pour le commencement, pour prendre possession de ce lieu qui sera tout à leur bien seance, sur le chemin de Bordeaux; car, avec le temps et les réunions que nous ferons, Dieu aydant, les moyens s'augmenteront pour accroistre le nombre, et pour pourvoir aux reparations plus necessaires. Ils ne recevront point de maison où ils puissent meriter davantaige qu'en celle-la, et s'ils m'y obligent, nous tascherons de nous en revancher et de leur en procurer quelqu'une en cette province icy, ce que je desirerois bien pour leur contentement et pour nostre bien mesme. Et cela ne leur seroit pas mal seant pour le commerce de Rome. Je remets le tout à vostre plaine disposition, et si vous trouvez bon de m'envoyer les articles de vostre traicté tels qu'ils les desireroient et que vous trouveriez bons, je vous envoyeray d'icy mon approbation avec mon advis et pouvoir ample de passer oultre à tout ce que vous vouldrez. Sur tout qu'il ne fut pas dict, pour l'honneur de Dieu, que vous m'eussiez abandonné moy et mon esglise en une si bonne et si sainte occasion, et qu'il ne se fasse rien sans que vous soyez de la partie, et que vous continuez, s'il vous plait, la residance en ce pauvre lieu. Mettez le cas que vous fussiez envoyé aux Indes parmy les infidelles, vous ne laisseriez pas de travailler à la vigne du Seigneur et de vacquer aux prieres divines et autres exercices de vostre ordre, encore que vous n'eussiez des cloistres bien bâtis selon l'usage dudict ordre, attendant que le temps face peu à peu ce qui ne se peult pas faire tout d'un coup. Il n'y peult pas avoir plus de merite entre les infidelles qu'entre les chrestiens baptisés mais mal fidelles et mal morigérés comme sont ces peuples-là. Mais vostre bon exemple surmontera tost ou tard la dureté de leur cœur, et sur cette bonne esperance, je demeureray, Monsieur le reverend Pere, vostre bien humble et affectionné serviteur. — D'Aix, ce 30 may 1625.

« S'il falloit traicter quelque chose à Paris avec le general de la Congregation de Saint Maur (1), mon frere le pourroit bien faire tandis qu'il y est, principalement pour estorquer leur consentement à un petit nombre de religieux, attendant plus de revenus pour l'augmenter, et pourroit employer l'authorité du legat pour le faire commander au General. Le superieur du college de Cluny qui estoit un scavant homme me l'avoit promis devant sa mort de peste à Paris (2). Ceux de Saint-Jean d'Angely me l'offrirent hardiment. Souvenez-vous de la qualité de premier instituteur de cette Congregation de Verdun qui ne pensoit non moins à estre cause d'un si grand bien. Vous en pouvez quasi faire auttant; et mettez le cas que vous soyez au desert entre les lyons, entre lesquels on ne peult pas gaigner des ames comme il s'en gaigne tousjours quelqu'une entre les hommes, quoyque inhumains et barbares comme les Guistrois (3). »

Par *Guistrois*, — il n'est pas besoin de le dire, — l'excellent Peiresc n'entend pas ici les habitants de Guîtres, alors comme aujourd'hui pleinement civilisés, mais seulement ces deux hommes dont la conduite scandaleuse déshonorait alors la ville de Guîtres. Il veut désigner d'abord le moine Bommard, ce « moine discole dont le *Custodi-nos* (4) est âgé d'environ vingt ans, mais l'on ne peut savoir, dit le P. Du Val, quand ni comment il a été pourvu et a pris possession; car il n'y a rien d'insinué, et ils ont fait leur affaire si secrètement que personne ne peut dire de quel pays ni diocèse il est ». Par *Guistrois* Peiresc désigne encore cet avocat Bommard qui, ajoute le P. Du Val, ne fera jamais les reconnoissances

(1) C'était D. Colomban Regnier, élu en 1621, 1622 et 1623, et qui fut supérieur général jusqu'en 1627.

(2) Dom Laurent Bénard, un des premiers religieux de la Congrégation de Saint-Maur, qui mourut « d'une fièvre pestilentielle », le 20 avril 1620. Cf. D. Tassin, *Histoire littéraire de la Congrégation de Saint-Maur*, pages 1-10.

(3) Registre LI, fol. 48-54; copie.

(4) « Les *Custodinos* ou *confidentiaires* étaient des ecclésiastiques qui gardaient un bénéfice pour le rendre à un autre dans un temps déterminé, ou qui administraient un bénéfice dont un autre touchait les revenus. Cet abus avait été condamné par l'Église. » (Chéruel, *Dictionnaire des Institutions, mœurs et coutumes de la France;* Paris, 1880, t. I, p. 255.)

de l'abbé de Guîtres, soit à cause « de ses occupations nombreuses, soit à cause de l'inimitié » qu'il nourrit à l'égard de Peiresc, soit enfin « à cause de sa négligence; car il y a dix ans qu'il doit faire celles de M. de Belle-Isle, son cousin germain, lequel le presse tous les jours vainement d'y travailler (1). »

Dans sa lettre du 17 juin 1625, Peiresc revient encore sur l'idée de la réforme. « L'entreprise du cardinal de La Rochefoucauld s'en est allée en fumée, à ce que j'ai aprins, et par consequent je me doubte bien que ces peres de la province ne songeront plus à leur noviciat, ou du moins quand ils l'entreprendroient, je me doubte qu'ils seroient tost las de le continuer. C'est pourquoy il seroit bien plus seur d'avoir des peres de la refforme tout d'un train, si faire se peut, à nombre modéré, attendant que les revenus augmentent à mesure que les prieurés vacqueront, et qu'ils se joindront à leur mense capitulaire en suite de mon indult. Je pensois que le bon P. Cabrier n'allast qu'avec le present porteur; mais j'ay aprins qu'il a anticipé son voyage pour prevenir les inconvénients de la guerre avant que les chemins fussent plus infestés. Je crois qu'il est maintenant à vous et qu'il vous secondera genereusement, comme je l'en prierai. Et si vous vous resolvez à l'aggregation des refformés, et qu'il eust regret de s'y attacher, il ne fera que ce qu'il jugera à propos; et je le ferai soigneusement conduire, desfrayer et recompenser de ses peines et travaux toutes fois et quantes qu'il ne voudra plus demeurer à Guistres (2). »

Encouragé par le P. Du Val dans ses projets de réforme, Peiresc se rend chez un notaire de la ville d'Aix, et le 14 août 1625, il donne pouvoir au P. Jean Du Val, prêtre de l'Ordre de S. Benoît, prieur de Sercou, grand vicaire et prieur claustral de l'abbaye de Guîtres, pour, au nom de Peiresc, « traiter et passer concordat, si besoin est, avec les RR. PP. Bénédictins de la reforme de S. Maur de S. Jean d'Angely pour les

(1) Lettre du P. Du Val à Peiresc, en date du 26 juillet 1625; Registre LI, f. 160 p. 161.

(2) Registre LI, f. 56.

établir dans ladite abbaye de Guistres, et leur affecter telle portion de revenus de ladite abbaye qui sera jugée nécessaire pour leur entretien, à tel nombre que pourra porter ladite abbaye, en attendant la réunion des pièces démembrées, par le moyen desquelles on pourra augmenter le nombre des religieux (1). »

En attendant le jour — qui ne devait jamais venir — où il pourrait user de cette procuration et « passer concordat » avec les Bénédictins de S. Maur, le P. Du Val recevait à Guîtres le P. Chabert dont Peiresc lui avait parlé dans une lettre précédente.

Louis Chabert était fils de Gaspard Chabert, écuyer de la ville de Toulon. Il avait pris l'habit de l'Ordre de Cîteaux, le 22 novembre 1620, dans l'abbaye de Notre-Dame du Thoronet, au diocèse de Fréjus (2), et il y avait fait profession le 23 novembre de l'année suivante (3). Toutefois, n'y possédant aucune portion monacale, il y était « surnuméraire » et par conséquent « à charge à ses parents. » Il avait même, comme l'écrit Peiresc, « quelque scrupule de conscience parce que les conditions de sa réception à l'habit et de sa profession ressentoient quelque chose de mal licite et de mauvaise odeur, et de fait le Pape l'en a absous (4). » Depuis qu'il avait prononcé ses vœux, trois portions monacales avaient vaqué dans l'abbaye du Thoronet, et trois fois le prieur les avait données à d'autres. Ayant eu « bonne relation de lui, dit Peiresc, et le voyant en bonne resolution de subir le joug de la reforme que mes moines ont acceptée, j'ai été bien aise de l'admettre en mon abbaye, où il aura possible plus de moyen de bien vivre, d'estudier et d'exercer sa devotion et pieté que là où il estoit (5). »

Donc, par acte fait à Aix le 6 février 1625, l'abbé de Guîtres

(1) Registre LI, f. 133.

(2) M. l'abbé F. Bérard a publié, en 1884, une *Etude historique et archéologique sur l'abbaye du Thoronet (Var)*; Avignon, in-8° de 43 pages avec planches.

(3) Registre LI, f. 401.

(4) Lettre de Peiresc à l'évêque de Fréjus, du 19 novembre 1625 : Registre LI, f. 220 : copie.

(5) Lettre à l'évêque de Fréjus, déjà citée.

assigna dans son monastère une place et portion monacale au P. Chabert, qui n'était encore que sous-diacre, à la double condition 1. qu'il obtiendrait de l'abbé ou du prieur de Thoronet la permission de quitter l'ordre des Cisterciens pour passer dans celui des Bénédictins dont il prendrait l'habit, et 2. qu'il s'engagerait à observer la règle selon les statuts de la congrégation bénédictine de la nation française (1).

Les supérieurs de Cîteaux et le Pape accordèrent au P. Chabert « la permission de se faire transférer de l'ordre de Cîteaux à celui de saint Benoît et de l'abbaye du Thoronet à celle de Guîtres, à cause des difficultés que faisoit le prieur du Thoronet de le pourvoir d'une place monacale, quand il en vaquoit de celles qui sont du nombre établi. Mais par malheur et par inadvertance, l'original de la signature apostolique fut envoyé ailleurs (2). » De nouvelles bulles ayant été demandées et obtenues, l'évêque de Fréjus, Barthélemi Camelinus (3), chargé de les fulminer, s'acquitta de sa commission le 25 novembre 1625, sur la demande de Peiresc qui l'en pria par une lettre écrite le 19 du même mois. Elle fut portée au prélat par le P. Chabert lui-même, qui se rendit aussitôt dans l'abbaye de Caunes pour y faire sa probation

Ces diverses démarches avaient pris beaucoup de temps. Les lettres dimissoires données par l'abbé du Thoronet portaient la date du 26 septembre 1624, et on était à la fin de 1625. En 1626, les guerres civiles qui désolaient la Guyenne pouvaient empêcher le P. Chabert de se rendre à Guîtres. Peiresc exprima donc à l'abbé de Caunes le désir de voir le P. Chabert prendre l'habit de saint Benoît, « afin, disait-il, que ce temps courre pour la probation, qu'il acquière plus tôt voix délibérative dans mon abbaye, et que, joint aux PP. Du Val et Cabrier, ils puissent mieux et plus efficacement s'opposer aux injustes entreprises d'un mauvais religieux de mon abbaye de la vieille institution libertine (4). » L'abbé de Caunes

(1) Registre LI, f. 137.
(2) Lettre citée à l'évêque de Fréjus.
(3) Sur Camelinus, évêque de Fréjus, cf. *Gallia Christiana*, t. I, col. 442.
(4) Lettre de Peiresc à l'abbé de Caunes, datée d'Aix, le 24 juin 1626; Registre LI, f. 287.

accéda aux désirs de Peiresc, et donna l'habit au P. Chabert.

Quelques jours auparavant (3 juin 1626), Peiresc avait fait le P. Chabert son vicaire-général pour les cas où le P. Cabrier serait absent du monastère. Le même acte établissait aussi provicaire-général du P. Chabert un prêtre du diocèse de Riez, docteur en théologie, nommé Joseph Fauchier, lequel devait accompagner le P. Chabert dans son voyage (1).

Ils partirent en effet pour Guîtres, observant dans leur route les instructions que Peiresc avait rédigées pour eux et signées à Aix le 13 juin 1626. Tout y est minutieusement indiqué : l'itinéraire qu'ils suivront, les lieux où ils s'arrêteront, les personnes et les curiosités qu'ils devront voir et visiter, les commissions dont ils doivent s'acquitter pour le grand collectionneur provençal.

« Frère Louis Chabert et Mre Joseph Fauchier s'en iront accompagnés d'André Fabre et du petit garçon, Jehan Cabasson. » Ils iront, par Salon et par Arles, à Montpellier, à Béziers, à Caunes, à Toulouse, à Agen, à Bordeaux. Là ils devaient remettre à M. de Gourgue, président au Parlement, une lettre de Peiresc datée du 8 juin 1626. L'abbé y remercie le président de tout ce qu'il a fait pour sa « pauvre esglise, laquelle, ajoute-t-il, s'en ressentira longtemps, attendant que les prières des bons religieux que je suis après d'y establir satisfacent mieux à l'obligation que vous avez acquise par ce moyen sur ce monastère aussy bien que sur moy, un peu mieux que je ne scauroy faire par mes services..... Le mal est que je me trouve avoir affaire à des gents de si difficile convention et de si mauvaise foy, qu'il ne semble quasy point y avoir de fin à esperer en ces miserables procès qui fournissent et produisent tous les jours tant de nouvelle matière d'importunité et de fascherie. Pour vous, Monsieur, et pour Messieurs de vostre compagnie, je ne doubte point que vous n'ayez pitié de mon

(1) Registre LI, f. 166, 167. On ne peut s'empêcher de sourire, et à la fois d'admirer la sage prévoyance de Peiresc en le voyant constituer tous ses religieux — sauf le moine Bommard — et même un prêtre séculier, ses vicaires-généraux avec substitution réglée et établie d'avance. C'est ainsi que Joseph Fauchier était vicaire-général du P. Chabert, qui l'était du P. Cabrier, qui l'était du P. Du Val, qui l'était de Peiresc.

esglise et de moy, et que vous ne trouviez bien à redire au mauvais traictement qui m'y a esté faict, principalement en la personne de celuy qui avoit charge de mes affaires, et que vous n'ayez de l'humeur contre les autheurs de cette meschanceté, laquelle meriteroit bien une punition exemplaire, tant pour la qualité de l'excès et des personnes interessées de part et d'aultre, que pour l'interest du public, en ce temps où l'on se laisse si facilement emporter aux violences. On a ouï parler de par deçà de ce qui s'est passé depuis peu dans vostre ville, non sans grande indignation de voir ainsi fouler l'authorité du Roi et de sa justice souveraine, et ne peut-on assez blasmer le mauvais conseil qui a esté donné à celuy qui en eust deu faire la vindicte publique luy mesme si aucun autre ne l'eust entreprins. Nous sommes en un bien malheureux siècle (1). »

Enfin les instructions données par Peiresc à J. Fauchier et au P. Chabert portent qu'ils « s'en iront à Guîtres, où ils suivront absolument l'ordre qui leur sera prescrit par le bon P. Du Val, et se conduiront avec toute la modestie et honnesteté qu'ils pourront envers tous les habitants quels qu'ils soient, pour ôter tout prétexte à qui que ce soit de se plaindre ou de demeurer mal satisfait d'eux; même ils salueront tout le monde sans attendre qu'on les salue, et ceux même qui font profession de ne m'être pas amis; principalement, ils porteront tout respect et honneur aux prêtres qui servent à la paroisse, et s'accommoderont le plus qu'ils pourront à leur inclination, pour vivre en paix et tranquillité d'esprit, et qu'ils ne fassent point parler mal de leur vie et déportements. »

Nous verrons plus tard si le P. Chabert fut fidèle à ces sages et chrétiennes recommandations. Pour le moment, bornons-nous à dire qu'il prit possession de sa place monacale à Guîtres le 24 juillet 1626 (2).

(1) Registre LI, f. 60 : autographe de Peiresc. Il fait allusion aux démêlés qui eurent lieu entre le duc d'Epernon, gouverneur de Guyenne, et le Parlement de Bordeaux, aux mois d'avril et de mai 1626. Voir, pour les détails, D. Devienne, *Histoire de la ville de Bordeaux*; t. I, p. 221-225.

(2) Registre LI, f. 401.

Sa présence dut consoler le P. Du Val, au moins pendant quelque temps, de l'inconstance du P. Cabrier. Ce religieux s'ennuyait à Guîtres, et il avait pensé sérieusement à quitter le monastère. Le 24 janvier 1626, Peiresc écrivait à D. D'Alibert, abbé de Caunes : « J'ai reçu une lettre du bon P. Cabrier, et ai été bien marri de le voir en quelque irrésolution ; mais il faudra trouver bon ce qu'il lui plaira, car je ne voudrois pas violenter tant soit peu sa libre volonté. Bien vous dirai-je qu'il m'obligera infiniment s'il peut encore avoir un peu de patience pour l'honneur de Dieu, quand ce ne seroit que pour un couple d'années..... Je vois qu'il est en quelque appréhension de perdre sa place dans votre abbaye ; mais je pense que vous y pourrez remédier, non seulement en lui en donnant quelque asseurance, mais en procurant que le Général de votre congrégation lui envoie une mission et obédience particulière pour résider à Guîtres autant que le P. Général trouvera être nécessaire afin de retablir l'ordre et la discipline en ce lieu désolé, et qui avoit été si longuement sans aucuns moines (1). »

De son côté, le P. Cabrier avait aussi écrit à l'abbé de Caunes, qu'il était « en quelque irrésolution de séjourner à Guîtres. » D. Jean D'Alibert l'exhorta à y rester, l'encourageant par les motifs les plus propres à persuader une âme chrétienne et religieuse, par les motifs tirés de la foi. Il réussit, et Peiresc écrivit à son tour au P. Cabrier, le 7 juin 1626, afin de le consoler de tout ce qu'il avait souffert pour Dieu et pour lui, l'engager à persévérer et l'assurer de toute sa reconnaissance (2).

Les difficultés de tout genre que Peiresc rencontrait dans la réforme de son abbaye, loin de le décourager, semblaient au contraire enflammer son zèle. Ayant trouvé un clerc du diocèse de Marseille qui lui paraissait recommandable par la noblesse de son origine, son bon caractère et la solidité de sa vertu, il lui conféra, au mois d'octobre 1627, une place monacale dans son abbaye, lui imposant, comme aux

(1) Registre des minutes de Peiresc, t. I, f. 287, 288.
(2) Registre des minutes de Peiresc, t. III, f. 3 et 5.

autres, l'obligation d'embrasser la réforme lorsqu'elle y serait établie (1).

Au même temps, il conféra à Pierre de Gaufreteau, prieur de La Grande-Sauve et Visiteur-général de la Congrégation des Bénédictins de France, le pouvoir de donner l'habit aux novices de son abbaye et en particulier à Joseph Garnier, si le P. Du Val était absent ou empêché (2).

Enfin, le 30 octobre 1627, Peiresc ratifia l'autorisation qu'il avait, l'année précédente (15 avril 1626), donnée à D. Jean D'Alibert de faire la visite de l'abbaye de Guîtres, visite que les guerres avaient malheureusement rendue impossible (3).

Dans quel état le visiteur trouva « ce pauvre lieu », comme l'appelle si souvent le bon Peiresc, on le sait bien déjà; mais on le saura mieux encore quand on aura lu le chapitre suivant.

CHAPITRE SEPTIÈME

Denis Guillemin, prieur de Roumoules. — Il est envoyé à Guîtres pour gérer les affaires temporelles de Peiresc. — Lettres du P. Du Val décrivant le triste état de l'abbaye. — Conduite de Peiresc opposée à celle de la plupart des abbés commendataires de son temps.

En 1627, Peiresc envoya à Guîtres, pour y résider et y gérer ses affaires, Denis Guillemin, prêtre, Docteur en Théologie, protonotaire du Saint-Siège, prieur de Roumoules (4) au diocèse de Riez, et de Belgentier au diocèse de Toulon. Il naquit très probablement à Villeneuve (5), commune du canton et arrondissement de Forcalquier, à 46 kilomètres de

(1) Registre LI, f. 198.
(2) Registre LI, f. 205.
(3) Registre LI, f. 206, 207.
(4) Roumoules est une commune du canton de Riez, arrondissement de Digne, département des Basses-Alpes.
(5) Bibliothèque de Carpentras, *Correspondance de Peiresc*, t. III, f. 49.

Digne, dans le département des Basses-Alpes. Doué de beaucoup d'affabilité et de politesse, Guillemin connut dès son jeune âge la famille de Peiresc qui s'intéressa à lui et contribua à son éducation (1). On a de Peiresc un mémoire adressé à Guillemin lorsque celui-ci était à Angers, et daté d'Aix le 1er juin 1609, dans lequel le *curieux* de Provence recommande à son « meilleur amy et plus affectionné à jamais », de recueillir les sceaux et portraits des Comtes de Provence et des rois de France dont il ne lui manque que Hugues Capet (2).

Guillemin sut être reconnaissant envers ses bienfaiteurs. Il écrivait à Peiresc, « de Saint Maximin, le 15 septembre 1618 »: « J'ai acquis l'heur du diaconat dont le premier jour de cet an, j'eus la gloire de dire ma première (sic) évangile dans l'église de St Maximin, soubs la faveur de ces bons pères réformés (3); ainsy poursuivant, j'espère, aidé du ciel et soubs l'aveu de votre permission, de prendre la messe aux Quatre-Temps de l'Avent prochain, pour après la celebrer quand il vous plaira, afin de satisfaire à l'heureuse et glorieuse mémoire de feu Monsieur mon Mecene, et au deu de la charge où il a plu à mon Dieu et à vos charités m'eslever. Et cependant que nous peinons d'atteindre au bout de notre profession, nous occupons le temps au moins mal qu'il nous est possible, ayant ces jours passés, aux funérailles du R. P. Michaelis, qu'on celebra en cette ville, eu l'honneur de faire son oraison funèbre, commençant par ce venerable suject de faire part au public des fruits de vos liberalités, dont je supplie mon Dieu que le tout soit à son honneur et gloire, et au contentement de votre illustre et charitable maison, comme

(1) « Guillemino, viro eximiæ comitatis, domesticoque ab ineunte usque ætate habito ; undè et pridem Romollarum, et nunc etiam Belgenserii prioratum, ut vocant, obtinuit. » (Gassendi, *De vitâ Peireskii*, lib. IV, *Oper.*, t. V, p. 311.)

(2) Bibliothèque Nationale, Fonds français. nouvelles acquisitions, n. 1147; *Table analytique de la correspondance de Peiresc à la bibliothèque Mejanes*, t. III, p. 566, CCLIV.

(3) Les Dominicains de la réforme de Sébastien Michaelis dont il est parlé plus loin, et qui mourut le 5 mai 1618. (Cfr. Echard, *Scriptores ordinis fratrum prædicatorum*, t, II, p. 409-411.)

instrument secourable dont le ciel s'est aidé pour élever en honneur et gloire votre très humble, etc. (1). »

Environ six ans après, le 23 avril 1624, étant à Riez, Guillemin annonce à Peiresc qu'il a été élu syndic au synode, et « choisi aux fins d'avoir voix délibérative en la première assemblée provinciale pour la députation (à l'assemblée) générale du Clergé de France » (2). Il brigua même l'honneur d'y être député, et afin de prévenir en sa faveur les membres influents de l'assemblée provinciale où devaient se faire les élections, il leur adressa des lettres qu'il eut la sage précaution de soumettre auparavant à la censure de Peiresc. Guillemin, paraît-il, avait cru devoir monter son style à la hauteur du sujet, c'est-à-dire de l'honneur ambitionné par lui, et il avait donné en plein dans le *Phébus*. Peiresc le corrigea par cette lettre, où il se montre en même temps homme de bon sens et homme de bon goût, lettre dont je dois la communication à la générosité inépuisable de M. Tamizey de Larroque :

« Monsieur le prieur ; Je reçeus hier à soir vostre depeche tout à temps pour le passage de l'ordinaire d'Avignon qui n'a pas manqué de passer aujourduy, et par luy j'ay envoyé la lettre de M. le grand Vicaire et la vostre, bien que j'aye esté assez combattu de ne le faire pas, quand j'ay leu le duplicata que m'aviez envoyé longtemps y a, et que je n'avois point pris garde estre descachetté ; car dès lors je vous eusse envoyé les corrections que vous y trouverez, lesquelles je viens de faire maintenant pour servir une autre fois, et vous faire comprendre que la naïveté ordinaire vaut trente fois mieux que le langage affecté, vous asseurant sans mentir que je n'entens point ces locutions tirées par les cheveux, et que Malherbe, feu M. le Cardinal du Perron, feu M. Du Vair et les plus habiles hommes que j'ay veu à la Cour, parlant de ce langage, disent qu'il doit plaire tout de mesme comme fairoit un homme qui, pour aller à l'esglise, à la messe et par la ville, iroit en dansant une sarebande, au lieu de cheminer à

(1) Bibliothèque de Carpentras ; Correspondants de Peiresc, t. II, f. 44.
(2) Correspondants de Peiresc, t. II, f. 54.

son pas comme les autres hommes. Je n'y ay point changé vos conceptions, mais seulement le stile pour le réduire du Phœbus au commun, et empescher qu'on ne die de vous comme on fait de Nerveze (1) et autres ses imitateurs, qu'ils n'aprehendent rien tant que d'escrire en sorte qu'on entende ce qu'ils veulent dire, taschants toujours de trouver des termes qui signifient toute autre chose que ce qu'ils voudroient signifier. J'ay pris cette liberté avec vous, sçachant que vous ne la prendrez pas en mauvaise part de moy. Au reste, il ne faut pas ployer les lettres en si petite forme; il la faut reduire au cart de la hauteur de la feuille pour le moins, comme je fairay ployer celle-cy. Et comme il ne faut pas à ceux qu'on escrit leur dire *toy*, il n'est pas aussi besoin de multiplier leur *Seigneurie*, comme vous faites à M. vostre Archidiacre.

« J'ay veu aujourd'huy une lettre d'un prelat que vous cognoissez, toute de Phœbus et de galimatias, laquelle avoit sans doute donné la torture à son auteur, et pour recompense a servi de jouet et defrayé une fort bonne compagnie, laquelle en a ri tout son soûl. Quittez moy, je vous prie, ce langage qui n'est point intelligible aux naturels françois, comme vous croiriez devoir quitter ou la friseure des cheveux (faisant la profession que vous faites), ou quelque habillement indecent; car l'un scandalise le monde quasi autant que l'autre. Tant y a que, pour ne perdre temps, j'ay hasardé vostre lettre, m'imaginant que vostre competiteur en auroit peut-estre bien fait autant, et l'ay remercié de rechef des faveurs que vous receviez de luy; mais sur cela j'ay à vous dire quelque chose la première fois que je vous verray, qui vous importe un petit. Je vous renvoye la sienne, et demeure, Monsieur le Prieur,

(1) Antoine Nervèze, né vers 1570, probablement en Poitou, était un littérateur fort médiocre, dont les vers, de son propre aveu, « ne pouvoient laisser que de mauvaises impressions, tant pour la vanité du sujet que pour l'ignorance du style » (préface des *Essais poétiques*). La *Biographie universelle*, qui donne une assez longue liste de ses poèmes et de ses romans, ne cite pourtant pas celui-ci : *Hierusalem assiegée, où est descrite la delivrance de Sophomie et d'Olinde, ensemble les amours d'Hermine, de Clorinde et de Tancrède, à l'imitation du s. Torquato Tasso, par A. de Nervèze; dernière édition, revue, corrigée et de beaucoup augmentée par l'auteur;* Lyon, par Thibaud Ancelin, 1603, in-12 de 96 pages sans les liminaires.

vostre trez affectionné et meilleur ami, — De Peiresc. — A Aix, ce 6 septembre 1624, après disner (1). »

Guillemin prit la leçon comme il convenait. Il remercia Peiresc par la lettre — ou plus exactement par la *phrase* — suivante : « Monsieur; J'ai reçu les vostres non moins pleines de bienveillance que de charitable remontrance, dont je vous rends mes très humbles grâces, et vous asseure que d'ores en là je me peinerai de ne rechoir en semblables fautes, vous suppliant m'en excuser, et croire que j'honore tant vos corrections, qu'en tout ce qu'il vous a plu me reprendre, je tâcherai de vous obéir et suivre vos favorables admonitions aussi soigneusement que de bon cœur je vous supplie croire, Monsieur, qu'en ce qu'il vous plaît vous réserver de me dire chose qui importe à la recherche de ma députation, je me résigne entièrement à tout ce que le ciel et votre faveur m'en voudront départir, comme assuré que la fortune ne donne rien qu'elle ne puisse ôter..... (2). »

La fortune favorisa Guillemin. Il figura, en effet, à l'Assemblée générale du Clergé comme député du second ordre de la province ecclésiastique d'Aix, en compagnie de son métropolitain, Hurault de l'Hôpital, et de Toussaint de Glandèves, évêque de Sisteron (3). Cette assemblée, qui se tint à Paris, commença le 23 mai 1625, et finit le 22 février 1626.

L'année suivante, Peiresc donna au prieur de Roumoules pouvoir et commission « d'administrer toutes les affaires temporelles de l'abbaye de Guîtres (4) ». Guillemin y arriva vers le mois d'avril 1627. Dès le mois suivant, il voyait quelques-unes de ses négociations couronnées de succès, comme l'atteste cette lettre que le frère de Peiresc lui écrivait le 17 mai 1627.

« Je suis bien aise du bon succès de votre voyage de Guîtres, et de l'accomodement et de la réparation que vous y

(1) Bibliothèque Méjanes; Minutes de Peiresc, t. V, f. 580.

(2) Bibliothèque de Carpentras; Correspondants de Peiresc, t. II, f. 55.

(3) *Collection des procès-verbaux des Assemblées générales du Clergé de France;* Paris, 1768, t. II, p. 390.

(4) Registre LI, p. 120; acte daté du 1er février 1627.

avez faite. J'en ai donné avis à mon frère et fait vos excuses de ce que vous ne lui vouliez point écrire que vous ne lui envoyassiez la transaction que vous aviez arrêtée avec M. de Gourgues, et lui ai envoyé toutes les lettres que vous m'aviez adressées par un courrier qui les lui rendra bientôt, tant le petit paquet que les autres lettres. Les soins que vous apportez avec tant d'affection, et qui produisent de si bons effets, méritent bien qu'on en prenne de ce que vous nous recommandez, comme vous le reconnoîtrez en toutes occasions, et que je suis certainement, Monsieur, votre plus affectionné serviteur. VALAVEZ (1). »

L'habileté de Guillemin était sans doute pour beaucoup dans ses succès, mais ils étaient dûs aussi au bon droit de Peiresc et à la considération dont il jouissait auprès du Parlement de Bordeaux. Le chevalier de Forbin y avait encore ajouté son influence en recommandant l'homme d'affaires de Peiresc au premier président de Gourgue, aux présidents Du Bernet, de Lalanne et de Pontac, ainsi qu'aux conseillers d'Andrault, de Geneste, de Lescures, de La Serre, de Pommiers et de Mons, que Forbin appelle son « très-cher frère ». Toutes les lettres qu'il leur écrivit le 8 novembre 1627 ressemblent, pour le fonds, à celle-ci adressée au cardinal de Sourdis :

« Monseigneur; Je n'eusse osé vous faire la très-humble supplication que je vous fais en ces lignes, si vous ne m'en eussiez donné la liberté, et jusques à me commander d'en user ainsi, et pour ce qui pourroit arriver à mes amis ; et à ce sujet, ayant su que M. de Peiresc, abbé de Guîtres, envoyoit en son abbaye un des siens pour avoir soin de ses affaires, et sachant qu'en plusieurs occasions il peut avoir besoin de votre faveur, étant, comme j'ai l'honneur d'être, son allié et son parfait ami, j'ai cru être de mon devoir de vous supplier le vouloir obliger, et moi par conséquent, aux choses qui pourroient survenir pourle bien de ses affaires, et vouloir, s'il vous plaît,

(1) Correspondants de Peirese, t. I, f. 185.

Monseigneur, le protéger comme vous savez très bien faire (1). »

Sur la fin de l'année 1627 ou dans les premiers mois de l'année 1628, le P. Du Val, voulant embrasser la réforme, alla à Toulouse, et il séjourna au Séminaire de Saint-Louis (2) ou noviciat des Bénédictins de la congrégation de Saint-Maur. Vers le même temps, Guillemin retourna pareillement en Provence. Lorsqu'il fut sur le point de se mettre en route pour revenir à Guîtres, Peiresc lui remit des instructions écrites semblables à celles qu'il avait données au P. Cabrier l'année précédente. Elles ont été publiées par M. Tamizey de Larroque (3): j'en extrais seulement ce qui convient à mon sujet.

« A Toulouse, il fault d'abord aller à l'église St-Louys, où est le noviciat des RR. PP. Benedictins reformez de la Congrégation de St-Maur, et fauldra voir le R. P. Dom Pol d'Hilaire, superieur du noviciat (4), et scavoir de luy s'il aura receu mes lettres par deux divers messagers, ensemble le pacquet addressé au R. P. Du Val, de Guistres, et si le dict R. P. Du Val n'estoit encore party pour retourner à Guistres,

(1) Registre LI, f. 1.

(2) « L'an mil six-cens vingt-deux, dit Catel, et le jour de Sainct André, le R. P. Rollon, avec cinq autres pères bénédictins réformés de la Congrégation de Sainct-Maur, vinrent en Tolose, à la prière et sollicitation de plusieurs notables habitants de ladite ville, zélés au rétablissement de l'Ordre Sainct-Benoist, pour y ériger un séminaire de leur ordre, à quoy M. le cardinal de Lavalette, pour lors archevesque de Toloze, fut si favorable, qu'il n'y presta pas seulement son consentement comme archevesque, mais encore leur donna la somme de huit mille livres pour acheter une maison. En attendant qu'ils en eussent trouvé la commodité, il les logea dans l'archevesché, où ils ont demeuré jusques à ce qu'ils ont acheté une maison qu'ils possèdent à présent en la paroisse de Sainct-Sernin, entre les colléges de Périgord et de Magalonne, qu'on appelle aujourd'huy le *Séminaire-Sainct-Louys*, et en laquelle ils commencèrent à faire publiquement le divin service le troisième novembre 1623. » (Catel, *Mémoires de l'histoire du Languedoc, recueillis de divers antheurs grecs, latins, François et espagnols*; Tolose, 1633, in-fol. pag. 266, 267.)

(3) Pag. 29-38 de sa brochure intitulée : *Guillaume D'Abbatia, capitoul de Toulouse : Lettres inédites écrites à Peiresc, publiées avec avertissement, notes et Appendice*; Paris et Marseille, 1885, in-8° de 45 pages.

(4) Il fut nommé prieur de Saint-Louis de Toulouse par le chapitre général en 1627, 1628 et 1630. Il l'avait été de Saint-Savin de Tarbes en 1625 et 1626. Voici la notice que lui consacre D. Martène dans son *Histoire* (inédite) *de la congrégation de Saint-Maur*.

« Dom Maurice Paul d'Hilaire étoit de Rochemaure, au diocèse de Viviers, né d'un

il luy faudra donner courage de s'y acheminer en si bonne compaignie.

père hérétique pour lequel Henry IV avoit beaucoup de considération, et d'une mère catholique aussi attachée à la foi de l'Église Romaine que son père l'étoit aux erreurs de Calvin. Elle fit baptiser tous ses enfants à la paroisse, et faisoit dire tous les jours une messe pour la conversion de son mary. Cette pieuse mère eut un grand soin d'élever ses enfants dans la foi catholique ; elle y réussit parfaitement, particuliérement à l'égard de celui-ci, qui fut nommé Maurice, et en qui Dieu mit de saintes dispositions. A l'âge de cinq ans, il en donna une preuve éclatante. Son père revenant de Lyon, lui apporta les Psaumes de Marot dont la couverture et la propreté pouvoient faire impression sur un enfant ; mais le jeune Maurice les jeta au feu, quoiqu'il prévît qu'il alloit encourir l'indignation de son père. Lorsqu'il fut en état d'étudier, on lui donna des maistres catholiques, sous lesquels il fit de si grands progrès qu'il convertit son père. La conversion de ce seigneur qui avoit un emploi considérable à la Cour, fut si sincère, que, comme un autre saint Paul, fortifié par la grâce de Dieu, il confondoit ceux de sa secte. Il confondit surtout deux scavants ministres en présence d'un grand nombre de gentilshommes du Vivarais dont plusieurs se convertirent ; et par reconnaisance de la grâce que Dieu lui avoit faite, il entretint chez lui un prêtre qui lui disoit tous les jours la sainte messe pour lui et pour toute sa famille : il poussa même la dévotion jusques à vouloir entrer dans la congrégation en qualité de « commis » ou de « donné. » Mais son âge avancé et ses infirmités empêchèrent l'exécution de son dessein, et peu après il mourut dans une sainte vieillesse.

« Après sa conversion, son fils, désirant se consacrer à Dieu, entra dans l'ordre de Cluny ; mais il n'y trouva pas ce qu'il y étoit venu chercher. Etant allé à Paris pour des affaires particulières, il songea sérieusement à la grande affaire de son salut, et embrassa la réforme dans le monastère des Blancs-Manteaux, où il fit profession le 27 d'octobre 1622, âgé de 27 ans. Il fut jugé digne, peu de mois après, d'aller jetter les fondements du séminaire de Saint-Louis, à Toulouse, où il fut établi maître des novices. Dieu lui avait donné un si grand talent pour cet employ, qu'il forma la plus grandé partie des premiers supérieurs de la congrégation. Il leur inspiroit un grand amour de leur état, une simplicité d'enfant, une obéissance aveugle, une inclination à la pénitence et une profonde humilité. La vertu qui éclata le plus en lui fut la charité envers les pauvres ; il ne mettoit point de bornes à ses aumônes, et il la fit paroître dans un tems de famine, où, malgré la pauvreté de la maison, il emprunta des sommes assez considérables pour les soulager. Dieu ne mit point aussi de bornes à ses faveurs, et inspira à des personnes de piété de lui faire tenir de grosses sommes d'argent sans qu'on sçut d'où elles venoient. Le Père Dom Grégoire Tarrisse qui avoit été son novice, et qui étoit alors supérieur général de la Congrégation, attribuoit l'état florissant où se trouvoit la Daurade de son tems avec un modique revenu, aux grandes aumônes de Dom Paul d'Hillaire. Mais ce fut dans la calamité publique qui affligea la ville de Toulouse que sa charité parut dans son plus grand éclat : il se conacra avec joie à aller soulager les malades, à panser leurs plaies, à entendre leurs confessions, à les consoler et à les aider à bien mourir. Au milieu de ces œuvres de charité, il fut saisi lui-même de la peste, et ne cessa pas de donner tous ses ordres pour le soulagement des malades et pour ensevelir les morts, oubliant qu'il étoit lui-même malade. Lorsqu'on lui annonça sa mort, il se fit placer dans un lieu d'où il put regarder le Ciel où son âme aspiroit. Il reçut les derniers sacrements avec une grande piété, et attendit la mort avec une intrépidité surprenante qui ne pouvoit être que la récompense d'une sainte vie. Il mourut le 14, — ou le 24 — septembre 1631, regretté du dedans et du dehors, des riches et des pauvres, et surtout de ceux-ci qui perdoient en lui un véritable père. »

« Si le R. P. Du Val est party, il faudra scavoir du dict Dom d'Hilaire quelle despence a faict le dict P. Du Val dans leur maison pour l'en rembourcer exactement, tant pour sa pension que pour les fraiz et fournitures de sa maladie.

« Et faudra scavoir du dict Dom d'Hilaire s'il vouldroit agréer que quelqu'un aultre des religieux de mon Abbaye peusse venir passer quelques moys dans leur noviciat, en payant la pension telle que les aultres, pour s'instruire un peu dans la bonne discipline reguliere, ou bien s'il croit que le superieur des RR. PP. reformez de la mesme congregation de St-Maur nouvellement establys à Sainte-Croix de Bordeaux me voulussent faire la mesme gratification en payant, comme dict est, la pension ordinaire, et toute aultre despence qu'ils jugeroient requise et necessaire, mesme pour la reception d'un novice et pour la tradition de l'habit monachal; et s'ils permettroient que aucuns de mes religieux demeurassent parmy leurs reformez pour la continuation de leurs estudes.

« Je voudrois aussy une attestation du P. Dom d'Hilaire de ce que le dict P. Dom Du Val, pendant le sejour qu'il y fit et dont on paiera la pension, s'estoit mis en debvoir de prendre leur plus estroitte reforme, et que c'est l'indisposition et foiblesse extraordinaire de ce pauvre homme qui l'a contraint de s'en retirer à son corps et cœur deffendant (1), afin que j'envoie à Rome, et que je tasche d'avoir quelque declaration pour guerir son scrupule.

« En toute façon, il fauldra faire toute sorte de compliments et remerciements possibles au P. Dom d'Hilaire des bons traictements et charitables secours par luy rendus au dict P. Du Val, tant durant son indisposition que autrement (2). »

Au mois de mars 1628, le P. Du Val et Guillemin étaient de retour dans le diocèse de Bordeaux. Le premier, témoin durant quelques jours de la ferveur des Bénédictins de Toulouse, s'était, on le pense bien, confirmé dans ses désirs et dans ses résolutions de réforme.

(1) Le P. Du Val était asthmatique, d'après la lettre que Peiresc lui écrivait le 30 mai 1625 (Registre LI, f. 48).

(2) Registre LI, f. 121, 125.

Sur ce point, il n'avait pas l'approbation entière du second, plus soucieux, à ce qu'il paraît, de percevoir et d'augmenter les revenus de l'abbé de Guîtres que de procurer à son abbaye des religieux réformés. Le 5 mars 1628, il écrit à Peiresc la lettre suivante, où l'on sent un peu trop l'homme d'affaires, et qui fait penser au caissier de Beaumarchais :

« Le P. Du Val venu à Bordeaux m'a témoigné être fort satisfait, hors de la rencontre qu'il a eue ici du P. Garnier, qu'il voudroit bien renvoyer, s'il pouvoit, en Provence, avec le P. Chabert, disant qu'il les changeroit volontiers pour des réformés. Il a toujours cette passion de réforme dans la tête, laquelle je trouve en quelque façon nuisible au bien de vos affaires, et si vous l'aviez agréable, il seroit à propos que vous fissiez connoître au P. Du Val que votre volonté seroit qu'il vécût désormais en repos, se contentant d'avoir éprouvé ses forces à la recherche d'un si pieux dessein sans plus en parler dorénavant, vu que cette poursuite le rend triste, chagrin, et dédaigneux contre ceux qui n'ont la même affection que lui pour la réforme. Je lui fais bien quelquefois sentir comme plusieurs de vos amis vous ont voulu empêcher d'établir la réforme à Guîtres, et que souvent je vous ai vu douteux en vos résolutions là-dessus. Si ce bon père pouvoit être une fois guéri de cette passion de réforme, il seroit plus maniable et plus doux à ses confrères. Je laisse à son soin le récit de ce que nous avons fait avec le prieur de Sainte-Croix (1), estimant bien qu'il vous en parlera, puisqu'il y est question de réforme, à laquelle je n'ai pas les mêmes inclinations que lui, pour l'opinion que j'ai que, tôt ou tard, elle consommeroit tous vos revenus de deçà, dont nous sommes après vous envoyer 1200 livres par la voie de Marseille, qui sont de la ferme de Fronsac, le reste de Guîtres s'employant à l'entretien des religieux et du bâtiment. C'est pourquoi M. Briançon dit que le

(1) Dom Ambroise Tarbourieech, sur lequel je demande la permission de renvoyer à mes *Prieurs claustraux de Sainte-Croix de Bordeaux et Saint Pierre de La Réole*, Bordeaux, Féret, 1884, in-8°, p. 32-37.

P. Du Val consume tout à bâtir, et le P. Du Val en revanche dit que M. Briançon consume tout en procès (1). »

L'abbé de Guîtres avait des sentiments plus élevés et des vues plus surnaturelles que son gérant d'affaires. Il prend la défense de son cher P. Du Val contre Guillemin, et il le conjure « d'excuser ses infirmités humaines, qui procèdent plutôt de foiblesse et d'inexpérience que de mauvaise volonté, l'ayant, dit Peiresc, connu de longue main; et si bien il s'échappe, il se laisse ramener facilement (2). »

Peiresc ne tarda pas beaucoup à recevoir la lettre que Guillemin lui faisait espérer. Il y est, en effet, « question de réforme ». De plus, le P. Du Val y fait une description fort exacte de l'état de l'abbaye : aussi je n'hésite pas à transcrire cette lettre à peu près en entier.

« Bordeaux, le 7 mars 1628.

« Monsieur; Je crois que vous avez reçu celle que je vous écrivis lorsque je partis de Toulouse, par laquelle je vous remerciais, comme je fais encore par celle-ci, de l'honneur de tant de bienveillance qu'il vous plaît me témoigner par écrit et par effet. Je prie le bon Dieu qu'il me fasse la grâce de pouvoir m'en revancher. J'ay esté grandement réjoui de voir arriver en bonne santé M. le prieur de Roumoules, et d'apprendre de lui l'état de votre bonne disposition. Plaise au bon Dieu la vous conserver longuement! Cette joie néanmoins a été mêlée de beaucoup d'amertume, voyant ce jeune homme qu'il a amené pour être religieux en votre abbaye (3); car cela m'a donné occasion de croire que vous n'êtes plus en cette bonne volonté que le ciel vous avoit donnée, de loger les pères réformés dans votre abbaye, puisque vous en remplissez les places vacantes; tellement que je me vois frustré en l'espé-

(1) Correspondants de Peiresc, t. II, f. 72.

(2) Lettre de Peiresc à Guillemin, du 9 juin 1628; Registre des minutes de Peiresc, t. V, f. 603.

(3) Joseph Garnier, dont il est parlé à la fin du chapitre précédent.

rance que j'avois, en servant d'instrument en cette bonne œuvre, de pouvoir par ce moyen suppléer à ce que ma conscience se sent obligée à faire; et que si bien je n'en portois pas l'habit, je pourrois peut-être, en rendant ce service à Dieu, obtenir miséricorde de mes fautes. Mais, à ce que je vois, je suis plus que jamais éloigné de ce bien; voire je prévois, par la disposition des affaires, tant d'empêchements (à servir Dieu) qui se préparent, que je perds tout courage de pouvoir rien faire qui vaille pour mon salut. Car vous remplissez votre abbaye de personnes fort peu disposées à vivre religieusement. Si vous ne vouliez pas les pères réformés, à tout le moins falloit-il bailler les places à des personnes que j'eusse pu manier à mon plaisir, pour les façonner à une vie vraiment religieuse; et pour cela il ne falloit prendre que des jeunes hommes qui fussent inspirés de Dieu à la religion, et qui ne vinssent pas à votre abbaye pour soulager leur maison, ni pour y vivre grassement, mais pour faire pénitence et travailler au salut de leur âme. S'il ne s'en présentoit pas de tels, il falloit envoyer de jeunes enfants de pauvre maison, qui fussent toujours, eux et leurs parents, souples à vos commandements, et lesquels j'aurois pu mouler à la vie religieuse, et leur imprimer la vraie forme de bons religieux. Mais je ne puis faire cela ni au P. Chabert ni à frère Garnier; d'autant qu'ils sont tous deux hommes et non enfants; ils sont l'un et l'autre de bonne maison, ont le cœur haut, et sont venus ici, non avec dessein de servir Dieu ni appelés par le St-Esprit, ains à la persuasion de leurs parents qui en ont voulu décharger leur maison, qui les ont abreuvés de mille belles espérances et de vaines persuasions que Guîtres étoit un paradis terrestre; qu'ils n'y seroient pas sitôt arrivés qu'ils se trouveroient pourvus de riches bénéfices, qu'ils y nageroient en toutes sortes de délices. Le P. Chabert m'a dit que vous lui aviez promis une pension de deux cents livres et un bénéfice de quatre vingts écus de revenus, et que cela empêcha son père de lui rien bailler; lequel, n'eût été l'assurance de votre promesse, lui eût assigné une pension pour toute sa vie. Le jeune Garnier est venu avec cette opinion de vivre plus aisément que les religieux de St-Victor (1). Quand telles personnes trouvent le contraire de tout ce qu'elles avoient cru et espéré, (et sont) logées dans une maison ruinée, réduites à une petite pension de cinquante écus qui n'est pas capable de les nourrir et vêtir, cela les étonne et décourage grandement, et quand elles le font savoir à leurs parents, je ne crois pas qu'ils n'en soient bien marris.

« Or ces personnes étant ainsi découragées et ne demeurant plus dans votre maison qu'à contrecœur, quel contentement puis-je avoir avec eux? Ils ont été l'un et l'autre nourris à la grasse soupe, à la vanité, aux jeux et passetemps, et à faire leur volonté; ils ne savent que veut dire religion ni dévotion; ils n'ont ni zèle ni amour de Dieu : comment les pourrois-je ranger aux exercices d'une vie vraiment monacale? Cela est hors de mon pouvoir, et ne peut arriver que par miracle, et par un effet particulier d'une puissance divine, et partant je ne sais à quoi me résoudre. M. le prieur de Roumoules m'a dit comme, passant par Toulouse, il présenta Garnier au rév. père prieur du noviciat, qui s'excusa, et dit ne le pouvoir recevoir, à cause qu'il n'avoit pas assez étudié; et le dit Garnier dit aussi qu'il ne vouloit pas s'arrêter là, et qu'on l'envoyoit pour demeurer à Guîtres et non ailleurs. Suivant votre commandement, j'ai prié instamment le R. P. prieur de Ste-Croix de le nous vouloir garder seulement trois mois, en lui payant sa pension à tel prix qu'il désireroit; le dit sieur prieur de Roumoules qui étoit avec moi l'en pria instamment; mais il s'excusa sur ce qu'ils n'ont pas de chambres à suffisance, et que ses religieux sont contraints de loger deux dans une même chambre, tellement qu'on ne l'a voulu recevoir ni à Toulouse ni à Bordeaux. Je sais bien aussi pour assuré qu'ils ne reçoivent en aucun de leurs monastères, sinon ceux qui veulent prendre leur habit et être de leur ordre, où ce n'est pas la volonté de frère Garnier, lequel dit un temps

(1) Voir sur ces religieux, Hélyot, *Histoire des ordres monastiques*, t. V, p. 151 et suiv.

à M. le prieur de Roumoules (ainsi que le dit sieur me l'a depuis rapporté) qu'il ne vouloit pas être réformé. Je l'emmène donc à Guîtres, où j'emploierai toute mon industrie et pouvoir à l'élever à la piété et lui apprendre l'office divin, le chant pour servir au chœur, et les bonnes lettres; car je l'ai trouvé si ignorant, que je crois être assez capable pour lui faire la leçon trois et quatre ans, sans qu'il ait besoin d'autre collège; voire je crois qu'il profitera plus avec moi aux lettres et grammaire et humanités, que s'il alloit au collège, pourvu qu'il me veuille croire et m'obéir. Je n'en ai pas néanmoins beaucoup d'espérance, car il est marseillois, et par conséquent fort mal propre pour les lettres (1) et pour être bon religieux; il est de naturel fort volage et assez brusque, à ce qu'il montre; et M. le prieur de Roumoules le juge tel par l'expérience qu'il en a faite durant son voyage. S'il ne veut étudier, je ne le pourrai pas forcer, car il est trop grand pour le soumettre à la verge, joint qu'il sera toujours bien uni avec le P. Chabert pour me faire résistance. Je ne pourrai donc user à son endroit que de prières, et après cela le laisser vivre comme il voudra. Tant y a que je n'y épargnerai pas mon travail pour vous complaire; mais je suis bien assuré d'avoir là un sujet pour me bien exercer à la patience, et à me donner bien de la peine et de l'affliction.

« Le P. Chabert s'attrista grandement lorsqu'il lut dans votre lettre la mort de son père, et principalement de ce que pour ne s'y être trouvé, son père ne lui a rien laissé ni fait aucun légat ou pension. Cela lui a fait prendre résolution d'aller en Provence; il y vouloit aller tout à l'instant pour s'y trouver avant que sa mère meure. Je l'ai prié instamment d'attendre le retour du P. Cabrier (que je ne trouvai point ici à mon arrivée; l'on me dit qu'il en étoit parti pour aller en Provence parler à vous de ses affaires); ledit P. Chabert ne m'a voulu ouïr en cela. Enfin je lui ai remontré qu'il ne devoit entreprendre tel voyage sans vous en avoir écrit au

(1) Quelle injure jetée à la patrie de Pétrone et d'Honoré d'Urfé, et plus tard de Dumarsais et de Mascaron !

préalable et attendu votre réponse. Je crois qu'il le fera ainsi, et qu'il vous écrira par Jean, lequel il renvoie en son pays à l'occasion de ce qu'on lui a écrit...

« Je vous prie de vouloir contenter ledit P. Chabert en cela, et lui accorder le voyage qu'il demande, et si, lorsqu'il sera en Provence, il se pouvoit trouver quelque moyen de le retenir de delà et qu'il ne revînt plus, ce seroit un grand soulagement pour moi et une des grandes consolations que j'ai reçue en ma vie. Je vous prie de tout mon cœur, tout autant qu'il m'est possible, de tâcher de ce faire, en sorte qu'il ne revienne plus; car, tant qu'il sera à Guîtres, ce me sera un grand empêchement à établir un bon ordre dans votre maison, et à élever la jeunesse qu'on me pourra laisser en charge, à la vertu et piété religieuse. J'en ai jà fait l'expérience aux novices que j'ai tenus, et ne vous en dirai pas davantage. C'est un terrible poulet.

« Or je souhaite avec passion et vous supplie de toute mon affection pour l'amour du bon Dieu, et pour le bien de votre conscience et salut de mon âme, qu'il vous plaise continuer à effectuer la bonne résolution que vous aviez prise de loger les bons pères réformés dans votre abbaye; et si vous jugez que le concordat jà fait vous soit à trop grande surcharge, faisons-en un autre nouveau, en telle façon que vous n'en puissiez recevoir aucune incommodité ou à tout le moins fort petite (1). »

Suit l'exposé d'un projet que le P. Du Val a « excogité » et dont il donne le détail. Il l'a présenté au P. Ambroise Tarbouriech, prieur de Sainte-Croix de Bordeaux, qui l'a jugé raisonnable, et le portera au chapitre général, si Peiresc ne le trouve pas mauvais. De plus, en supposant toujours que Peiresc y donne son consentement, D. Tarbouriech se fera autoriser par le chapitre général à passer concordat avec l'abbé de Guîtres.

On ne pouvait lui faire de proposition plus agréable. Il

(1) Correspondants de Peiresc, t. II, f. 658-661.

consentit à tout, et le P. Du Val eut soin d'en informer D. Ambroise Tarbouriech, lorsque celui-ci passa par Guîtres en se rendant à l'abbaye de Saint-Augustin de Limoges où devait se tenir le chapitre général. A Limoges, il reçut encore du P. Du Val une lettre qui lui rappelait la commission donnée, et le priait de lui faire savoir « ce qui se pourra faire pour le repos de mon âme, disait-il, ou avec les pères Anglois qui sont à Paris (1), ou avec les pères de Saint-Maur, suivant la proposition que je vous en fis, à votre passage par ce lieu (2). »

L'affaire fut portée au chapitre général, et sur presque tous les points il y eut accord entre les bénédictins de Saint-Maur et l'abbé de Guîtres. C'est sans doute en vue d'aplanir les difficultés qui pouvaient rester encore, que le P. Du Val écrivit, le 21 novembre 1628, « au R. P. Ambroise, prieur des bénédictins réformés du monastère de Sainte-Croix, à Bordeaux » :

« Mon Révérend père; J'ai remâché le discours que votre Révérence me tint dernièrement, disant qu'on pourroit tâcher de permuter mon prieuré claustral avec quelque religieux ancien de ceux qui sont dans les maisons que votre congrégation possède, et me suis souvenu que lorsque je voulus aller à Toulouse, M. notre Général me parla de remettre mon prieuré claustral au R. P. Vaissière qui demeure au monastère de La Réole, afin qu'il continuât le noviciat en ce lieu où il est introduit. Je voudrois bien qu'il se pût faire quelque chose entre lui et moi. La pension de mon prieuré est trois cents livres qu'on baille en argent. Je crois que les pensions de La Réole ne valent pas davantage, ni peut être tant. Ce prieuré n'est point électif, mais en titre, et partant celui qui le possède est perpétuel. Ledit P. Vaissière n'est que simple religieux à La Réole, et ici il seroit supérieur, avec assurance d'être tel toute sa vie, qui est un grand avantage et lequel peut contrepeser à la répugnance qu'il pourroit avoir de

(1) Sur les bénédictins anglais, cfr. *Gallia Christiana*, t. VII, col, 1068-1069.
(2) Correspondants de Peiresc, t. II, f. 662.

quitter sa patrie. Que si sa pension monte plus que mon bénéfice, je lui quitterai tout le surplus, voire même me contenterai de moins que de cent écus, pour le désir que j'ai d'être à la compagnie de vos pères et dans leur obéissance. Je supplie votre Révérence de vouloir prendre la peine de traiter cette affaire, s'il y a quelque apparence qu'elle puisse réussir ; mais, je désirerois bien qu'on maniât le tout secrètement, car si cela vient à s'éventer, j'en recevrai du dommage (1). »

Pour des raisons que j'ignore, l'accord ou au moins le concordat ne se fit pas, et la réforme de l'abbaye fut ajournée de nouveau.

Au point de vue matériel, ce pauvre monastère n'était pas moins à plaindre qu'au point de vue spirituel. « Les procès, écrivait le P. Du Val, consument tellement le revenu de M. l'abbé, que non seulement je ne puis lui envoyer les parties que je désirerais, mais non pas même faire les réparations qui sont nécessaires et inévitables en son église, et nous sommes contraints de nous retrancher en l'abbaye de vivre et vestir, en telle sorte que je n'ai pas petite peine de contenter le petit nombre des religieux qui y sont (2). » Et le prieur de Guîtres terminait sa lettre du 7 mars à Peiresc par ces paroles : « A mon arrivée à Guîtres, j'ai trouvé les choses en assez mauvais état : le P. Cabrier absent, toutes les murailles du cloître par terre, et ai commencé dès lors à les faire redresser en diligence, car nous n'étions pas bien assurés dans la maison, cela étant ouvert. »

Peiresc confirme implicitement ces témoignages dans une lettre, où l'on voit en même temps ce qu'il a fait pour réparer les ruines de son monastère. Elle est adressée à Gabriel de L'Aubespine, évêque d'Orléans (3), qui avait, apparemment, déjà fait et était disposé à faire encore des démarches auprès

(1) Correspondants de Peiresc, t. II, f. 664.

(2) Correspondants de Peiresc, t. II, f. 657 ; Lettre à Peiresc, datée du 4 mars 1628.

(3) Sur cet illustre évêque d'Orléans et sur ses rapports avec Peiresc, principalement pendant l'année 1627, il faut lire la très intéressante brochure de M. Tami-

du roi ou de l'Assemblée du clergé de France (1), pour que l'abbaye de Guîtres fût un peu déchargée des impôts qu'elle avait à payer.

« Je ne m'attendois pas, dit Peiresc, après les dernières difficultés mentionnées en vos précédentes lettres, que vous insistassiez davantage à la descharge de mon abbaye, et vous en demeureray tousjours infiniment redevable, soit que la chose reussisse ou non, scachant la peine que cela vous a donné et donne encore à mon tres grand regret, dont je ne saurois jamais vous rendre de revanche selon mon goust et mon debvoir. Mais quant à la cognoissance que pretendent avoir ces messieurs de l'ancienneté des ruynes de mon abbaye, je peux bien vous asseurer que c'est moy qui ay fait couvrir l'esglise, laquelle estoit aussi ouverte par le hault comme celle du St Sépulcre, et ay fait des reparations qui ont absorbé la plus part de mes revenus depuis ma venue. Et l'année dernière, il s'est ruiné un grand pan de mur du costé de la rivière, qui ne se peult reparer sans des frais plus grands que ne porte le revenu (2). »

En regard de ce désintéressement et de toute la conduite de Peiresc comme abbé de Guîtres, plaçons le portrait des abbés commendataires de son temps, tel que vient de le tracer un auteur qui toutefois, ici comme ailleurs, a le tort de présenter comme universel ce qui n'était que général et admettait heureusement d'honorables exceptions (3). « Chef honoraire d'une abbaye où il ne réside pas, mais dont il perçoit les deux tiers au moins du revenu, le commendataire n'a qu'un but: celui de tirer le plus possible de cette sinécure ecclésiastique. Il s'embarasse peu de la défense expresse faite par le dernier

zey de Larroque : *Les correspondants de Peiresc ; VII. Gabriel de L'Aubespine, évêque d'Orléans : Lettres écrites de Marseille et de Paris à Peiresc* (1627), *publiées et annotées...*; Orléans, 1883, in-8° de 29 pages.

(1) Elle se tint à Poitiers et à Fontenay, du 6 février au 24 juin 1628. Gabriel de L'Aubespine y assista. Il s'agissait de donner un million d'or au roi pour le siège de La Rochelle.

(2) Registre des minutes de Peiresc, t. I, f. 413 ; lettre datée d'Aix.

(3) Par exemple, l'abbé Olier et les deux abbés de Chandenier, pour ne citer que ceux dont les noms me reviennent en mémoire.

concile aux bénéficiers, « d'enrichir eux-mêmes ou leurs parents », avec ces biens dont ils ne sont qu'usagers; s'il ne vend pas, comme on en a eu des exemples, le plomb ou l'ardoise de son église, pour la recouvrir en tuiles et empocher la différence, il entretient le moins possible les bâtiments monacaux. (Henri de) Sourdis, obligé de dépenser 3,000 livres pour le dortoir de son abbaye de Royaumont qui tombe en ruine, fait tous ses efforts pour la troquer contre une autre afin d'esquiver les réparations; puis se répand en injures contre le prieur claustral, qu'il traite *d'escroc,* et qu'il accuse de lui jouer « un tour de moine ».... Là où la règle est tout à fait austère, on construit au commendataire une maison hors du cloître, où il descend lors de ses voyages, afin de ne pas troubler le bon ordre du couvent. Cet abbé n'est jamais plus heureux que si le nombre des religieux diminue; c'est autant de bouches de moins à nourrir. Il s'oppose de son mieux au recrutement. Tribunaux, conseils de ville ou États de province luttent sans cesse avec ces abbés, pour les obliger à recevoir gratuitement dans leurs monastères le chiffre de moines « qui doit y être, suivant les fondations, pour le service divin ». Malgré tout, bien des prieurés sont abandonnés et déserts (1). »

Tout autre nous est apparu jusqu'ici et continuera jusqu'à la fin de nous apparaître le bon et vertueux Peiresc. Mais autant sa pauvre abbaye paraît favorisée du ciel si on en considère l'abbé et le prieur, autant excite-t-elle la pitié quand on regarde les moines qui la composent. Dans ce chapitre et dans les précédents, nous avons vu des choses bien tristes: nous allons en voir de plus tristes encore.

(1) *Richelieu et la monarchie absolue,* par le vicomte G. D'Avenel, t. III; Paris, 1887, p. 318, 319.

CHAPITRE HUITIÈME

Nouveaux troubles dans le monastère. — Son état en 1630. — Le cardinal Richelieu négocie pour avoir l'abbaye de Guîtres.

L'année 1628 est près de finir; mais les divisions intestines du monastère de Guîtres sont loin de toucher à leur terme. Il semble même que les esprits soient plus aigris et plus irrités que jamais.

Le 19 novembre, Guillemin supplie Peiresc de payer en deux termes aux religieux de l'abbaye « leur petite pension, afin qu'avec cela ils puissent vivre et s'entretenir de ce qui leur est nécessaire. Car ils disent que toutes les fois qu'ils ont besoin de quelque chose pour leur vestiaire, le P. Du Val leur fait demander cent fois, et après ne le leur donne pas le plus souvent. Outre cela, il y a une certaine invétérée malveillance entre eux, et hors d'un coup du ciel, il est impossible d'arracher de ces âmes religieuses cette aversion. Ce n'est pas, ajoute Guillemin, que je n'ai pas fait tout mon possible pour étouffer cette mauvaise volonté en ces gens; mais je n'en ai jamais su venir à bout, quelque fleur de bien dire que j'y aie voulu apporter, et toute leur malveillance n'est que pointille de moines, qui est la race de gens moins faite au pardon que j'aie connu au monde, n'en déplaise à l'Anti-Balzac (1). N'ayant donc pu mettre ces gens au chemin d'amour, je ne trouve point de voie plus courte pour en quelque façon retenir ces bons religieux et aller au devant

(1) Balzac avait dit dans ses *Lettres* que « les moines sont dans le cloître ce que les rats étaient dans l'arche. » Pour combattre cette assertion, D. Goulu, Général des Feuillants, mit d'abord en campagne D. André qui engagea la lutte par un libelle médiocre publié sans succès. D. Goulu publia ensuite ses *Lettres de Phyllarque à Ariste*, auxquelles Ogier répondit par l'*Apologie de Balzac*. Balzac se justifia lui-même, dix-sept ans après, par sa *Relation à Ménandre* contenue dans ses *Œuvres diverses*. Cfr. Tamizey de Larroque, *Les Correspondants de Peiresc*; VI, *Vias*, p. 27.

d'un plus grand désordre de moinerie, que de leur bailler leur pension payable à termes de Noël et de Pâques (1). »

Si, d'une part, la conduite des religieux de Guîtres provoque les boutades de Guillemin contre les moines en général, d'un autre côté, le P. du Val n'y tient plus : sa patience est à bout. « Je vous prie, dit-il à Peiresc, au nom de Dieu, de faire tant que l'on baille aux religieux la demi-année de leur pension avant les fêtes de Noël, bien qu'elle ne commence qu'au 1er de janvier, afin qu'ils se résolvent à ce qu'ils veulent faire, car je ne sais point comme ils prétendent vivre à l'avenir; mais, pour moi, je ne me veux plus mêler d'eux en aucune façon du monde (2). »

Ce qui achève de décourager le prieur de Guîtres, c'est que l'abbé lui-même, trompé peut-être ou trop impressionné par les lettres de Guillemin, ne semble plus animé des sentiments qu'il avait autrefois pour « le bon P. du Val ». Celui-ci écrit à Peiresc le 17 décembre 1628 :

« M. Castaigne m'a rendu votre paquet. Ne craignez ni croyez pas, s'il vous plaît, que j'entreprenne jamais rien qui puisse porter le moindre préjudice à M. de Guîtres; car j'affectionne plus le bien de ses affaires que non pas des miennes ni d'aucun parent que j'aie en ce monde. Si vous prêtez l'oreille à mes ennemis, ils vous en feront croire de belles. Les effets découvriront toujours leurs impostures et calomnies, et feront connoître à la fin que je suis cent fois meilleur ami et fidèle serviteur à M. l'abbé, que non pas eux qui ne recherchent que leurs propres intérêts, et ne se soucient aucunement de ceux de M. de Guîtres, quelque beau semblant qu'ils y fassent à l'extérieur. Je vous supplie d'envoyer les pensions, comme il vous a plu me promettre par la vôtre (3). »

Dans cet état des esprits, Peiresc juge, d'après l'avis de

(1) *Correspondants de Peiresc*, t. II, f. 106 : lettre écrite de Bordeaux.

(2) *Correspondants de Peiresc*, t. II, f. 663 : lettre écrite de Guîtres le 7 décembre 1628.

(3) *Correspondants de Peiresc*, t. II, f. 667.

Guillemin, que le plus sûr, l'unique moyen de les calmer, c'est la séparation. Ecoutons encore le P. Cabrier écrivant de son côté à Peiresc, le même jour que le P. du Val :

« Monsieur; Le R. frère Chabert m'a communiqué celle qu'il vous a plu lui écrire. J'ai vu par la lecture d'icelle comme il vous plaît continuer en la volonté que nous puissions vivre dorénavant en repos. Le moyen que vous avez trouvé de n'avoir rien à démêler, ni pour la vie ni pour les habits, avec le R. P. Du Val est le plus convenable. Cela nous a fait résoudre, avec le F. Chabert, de commencer à faire nostre petite mesnagerie au premier jour de l'an prochain, et croyons que les obstacles qui se présenteront pour empêcher notre dessein, ne nous serviront que d'amorces pour faire brusler le feu de nos dissensions avec telle violence, que je crains que, non seulement les petites bluettes, mais la flamme ne se puissent contenir dans la maison, et que par ce désordre tous ceux qui sont ignorants de tout ce qui s'est passé n'en ayent connoissance, et que cela ne les scandalise d'autant plus qu'ils nous connoissent obligés de nous entretenir en paix. Votre prudence ne pouvoit trouver un moyen plus doux; aussi crois-je que c'est l'esprit de douceur qui le vous suggère.

« Les obstacles principaux, vous les nous marquez par la votre, sont la suppression de la place (1) et le retardement du payement du pacte de Noël par les fermiers. Pour le premier, Monsieur notre très cher confrère, le révérend Père Bommard, est parti ce jourd'huy voir notre R[me] Général, et n'estime pas que quand bien même cette affaire seroit retardée, voire même ne réussiroit point, vous devez faire

(1) Par arrêt du 7 mars 1624, le Parlement de Bordeaux ordonna que les religieux du monastère de Guîtres seraient au nombre de six y compris le prieur claustral, et qu'il serait payé à celui-ci la somme de trois cents livres, et à chacun des autres religieux la somme de cent cinquante livres de pension annuelle, exempte de toutes charges, lesquelles seraient supportées par l'abbé. Dans la suite, Peiresc consentit à ce que les pensions de quatre religieux fussent augmentées pour chacun de trente-sept livres dix sols, au moyen de la suppression d'une place monacale; ce que les religieux acceptèrent. (*Archives de l'archevêché de Bordeaux*; acte du 4 octobre 1640.)

difficulté de nous donner ce que le R. P. Du Val a mis toujours en compte à Mgr de Guîtres, qui est pour le moins la somme de deux cents livres, vu même que mondit seigneur a toujours entendu que nous eussions fort amplement toutes nos nécessités, tant de la vie, habits, que lorsque nous serions malades, n'ayant rien limité, mais a toujours voulu qu'on y employât ce qui seroit nécessaire, comme nous vous ferons voir tant par les lettres qu'il a envoyées au P. Chabert qu'à moi; et pour ce jourd'hui nous nous voyons privés de tous ces biens, ce qui nous afflige grandement et nous donne de grandes occasions de mécontentement. Il ne sera jamais marri que ceux qui ont abandonné leur patrie et se sont privés de la consolation de converser avec leurs parents, ne pussent recevoir du contentement à son service.

« Pour le second, les fermiers n'auront point d'occasion de retarder le payement, puisqu'ils ont vendu leurs vins de l'afferme et ont reçu l'argent du prix; et quand cela ne seroit, ils auroient assez de moyen de nous donner la somme que désirerez, afin que nous soyons satisfaits. Nous l'espérons ainsi de votre bonté, et croyons que si nous ne recevons point cette satisfaction, ce sera par l'intervention du R. P. Du Val, ce qui nous obligera davantage de nous opposer à son humeur et lui faire connoître comme il fait bon empêcher le bien d'autrui et interrompre le repos de ceux qu'il a troublés jusques à maintenant, vous assurant que tous ces obstacles ne nous empêcheront point de nous séparer du R. P. Du Val et rompre sa prétendue communauté; laquelle toutefois nous n'avons pas rompue, mais lui-même, nous ayant dénié, il y a déjà six mois, nos nécessités pour les habits, étant en mon particulier en telle extrémité que je n'ai ni pourpoint ni chemisettes, haut de chausses ni bas pour me garantir de la rigueur de l'hiver, et qui pis est, ne puis paroître avec la décence religieuse au service divin, pour être mon froc si déchiré que j'ai honte de le porter. Comme vous l'avez vu, j'ai eu la patience, attendant que j'aurois moyen de m'accommoder alors qu'on nous remettroit ce que nous avons toujours espéré. Dieu veuille qu'il ne me faille aller de porte en porte à Guîtres pour demander mes nécessités; ce qui ne manquera pas, sinon que, par votre libéralité, vous plaise y pourvoir. En ce faisant, serez cause d'un grand bien et couperez chemin à un grand désordre; ce que j'espère avec la même affection que je suis, Monsieur, etc. — Cabrier. — A Guistres, ce 17 décembre 1628 (1). »

Enfin, le 1er janvier 1629, la séparation de corps et de biens est consommée. Les PP. Cabrier et Chabert ayant reçu des fermiers de Peiresc l'argent de leur pension, font ménage ensemble.

« Je leur ai baillé, dit le P. Du Val, toutes les ustensiles nécessaires à la cuisine, et outre ce demi-douzaine de plats, autant d'assiettes, deux écuelles à oreilles, une salière, des *cuilliers*, des couteaux, quatre nappes, deux essuie-mains, une douzaine de serviettes, quatre paires de linceuls. Avec cela, le P. Chabert n'est pas content. Il veut la moitié de tout le linge et de tout l'étain, et à cette occasion il m'a outragé et affligé jusques à la mort. Je vous supplie me vouloir envoyer la pension de F. Garnier et la mienne, et vous obligerez grandement, Monsieur, votre très humble et très obéissant serviteur (2). »

Frère Garnier, encore novice, resta avec son prieur, mais il pensait à se retirer. Il n'est pas question de frère Bommard : il était parti le 17 décembre pour aller traiter une affaire auprès du Révérendissime Général (3), et d'ailleurs peut-être formait-il à lui seul sa communauté. On ne dit rien non plus de Durand ni de Hennequin : avaient-ils déserté le monastère ? Quant aux novices, il n'y en avait plus, « et je ne crois pas, disait Guillemin, qu'il en revienne d'autres, après ceux qui s'en sont allés, vu qu'ils se plaignent tous d'être trop rudement traités du P. Du Val (4). »

On devine les sentiments qu'éprouva Peiresc en apprenant

(1) *Correspondants de Peiresc*, t. I, f. 385.

(2) *Correspondants de Peiresc*, t. II, f. 669.

(3) Lettre du P. Cabrier citée plus haut.

(4) *Correspondants de Peiresc*, t. II, f. 135 : lettre écrite de Bordeaux, le 7 janvier 1629.

les avanies faites au P. Du Val. Voici d'ailleurs ce qu'il en écrivit au prieur de Roumoules, le 24 mars 1629 :

« Monsieur le prieur; De long temps je ne fus si en peine d'avoir de vos lettres que je suis à présent, en ayant reçu de celles du pauvre P. Du Val, du 8 et 22 février, sur un subject qui m'a mis hors de moy, et dans une extresme affliction de voir le tort qu'il a receu de la main des gents qui m'estoient si redevables, comme estoient le P. Chabert et le P. Cabrier, et qui m'avoient si solennellement juré la fidélité qu'ils ont enfraint. Car, pour le moine Bommard, encore qu'il me soit aultant e plus obligé que pas un des autres, j'ay assez éprouvé en tant d'autres occurrances son mauvais naturel et sa perfidie; mais des autres j'avois conceu meilleure opinion, et croyois que s'ils pouvoient pretendre aulcun grief du traitement du bon P. Du Val (comme il ne seroit pas impossible que, étant tous hommes, il se fust trouvé quelque chose à redire en sa personne), ils me devoient faire entendre leurs plaintes doucement, et j'avois le pain et le cousteau pour les leur administrer, en sorte qu'ils eussent subject de demeurer contents. Je n'avois rien tant recommandé à frère Chabert que d'honorer et respecter le P. Du Val comme si j'eusse esté en personne soubs son bonnet; de quoi il m'avoit engagé sa parole avec tant de serments, que je les devois croire et prendre confiance; de sorte que, m'en voyant après fasché et si vilainement et oultrageusement affronté en la personne du pauvre D. Du Val, j'en suis oultré jusques au plus profond de l'âme. Faites promptement restituer au bon P. Du Val ce que ces frippons luy ont volé; car je ne scaurois nommer cette action d'un nom plus doux que celui-là. Si ne l'avez déjà faict, pour l'honneur de Dieu, faictes le incontinant, et luy faictes cognoistre, aussi bien qu'à ceux qui l'ont si outragé, que j'en ressens l'oultrage en ma propre personne, et comme s'ils avoient affecté de me crever les yeux à moi mesme, ne pouvant supporter qu'ils ayent tenu si peu compte de leur debvoir et de la parolle qu'ils m'avoient donnée de le rendre au P. Du Val. Mais quoy qui en arrive, si suis-je resolu que ledit P. Du Val soit restably en la fonction entière de sa charge dans mon Abbayie, quand tous les aultres en devroient sortir ; à quoi je deppendray de bon cœur non seulement le fond de mon abbayie, mais de mon patrimoine domestique. Le cœur me disoit bien que, si vous laissiez rompre la communauté, nous verrions du désordre qui l'a suivy de bien près. Dieu soit loué de tout. Je veux advouer que le P. Du Val aye peu faillir en quelque chose dans ceste affaire, mais cela ne pouvoit pas mériter une telle rebellion et une telle meschanceté. Pour l'honneur de Dieu, voyez d'y mettre le meilleur remede que vous pourrez: mais qu'en toute façon le P. Du Val soit réintégré en la fonction absolue de sa charge, aultrement vous me verrez prendre des resolutions dont ces gens se repentiront à bon escient. Je n'attends que vos nouvelles sur ce subject pour prescrire la forme que je pense y debvoir estre tenue. Cependant vous m'excuserez si je ne vous responds plus particulièrement à vos aultres depesches, n'ayant pas maintenant ma teste en bonne assiette, tant cette affaire me blesse, vous pouvant jurer qu'elle m'a fait malade tous ces jours icy (1). »

Dans le fonds, Peiresc, en juge impartial, trouvait « grandement à redire de tous côtés sur toute cette affaire. » Il regrettait de n'avoir pas « su à l'avance ces petits sujets de dégoût des religieux, auxquels il étoit si aisé de remédier en ordonnant au P. Du Val de leur relâcher quelque chose de plus pour leur vivre et vestiaire, sans laisser porter les choses à telles extrémités. » Aussi désirait-il vivement que le prieur de Roumoules lui apprît sans retard toute la vérité (2).

La lettre qui contenait l'expression de ce désir portait aussi que « frère Chabert s'en est allé chez M. son père passer les fêtes de Pâques, et m'a demandé permission d'y séjourner un mois ou deux. J'ai écrit à son frère comme il falloit, et tâcherai de ménager qu'il aille demeurer aux pères de l'Oratoire quelques mois à tout le moins, pour apprendre la crainte de Dieu et le respect qu'il faut porter aux supérieurs. »

Abattu et découragé, le P. Du Val songeait aussi à quitter

(1) *Registre des minutes de Peiresc*, t. V, f. 616.
(2) *Registre des minutes de Peiresc*, t. V, f. 618 : lettre écrite d'Aix le 13 avril 1629.

l'abbaye, et il était question de nommer un sous-prieur. C'est ce qui ressort de cette lettre de Peiresc au prieur de Roumoules, en date du 16 avril 1629 :

« Si le P. Du Val s'opiniastroit tant à vouloir sortir de l'abbaye, voyez de mesnager avec le R. P. Gaufreteau, Général, qu'il y fasse venir, quand ce ne seroit que pour un an ou environ, le R. P. Vaissière de La Réole (de qui il m'avoit autrefois parlé, tandis que le P. Du Val estoit à la réforme), pour y exercer la charge de prieur claustral sous le titre de commissaire ou visiteur à ma nomination et requisition; s'il ne le vouloit, avec pouvoir de commission de vous comme mon grand vicaire, ou de moi. Je pense qu'il s'y accommodera volontiers, et en défaut de celui là, y pourra commettre quelque autre, tel que vous pourrez demander après vous en estre enquis. Et quand même le P. Du Val n'en bougeroit, il n'y auroit possible pas de danger d'y faire venir un visiteur qui pourra tenir la maison en debvoir, et procurer la réconciliation entre les PP. Du Val et Cabrier, attendant que F. Chabert y retourne, lequel m'a promis de se mettre à toute sorte de debvoir, tant soubs le P. Du Val que tout autre que j'y ferai employer. Car je ne trouve pas bon de laisser procéder à l'élection d'un soubs prieur, et que pour cet effet le P. Du Val soit contrainct de s'absenter pour lui laisser l'exercice, et ayme mieux souffrir la despence d'un sixiesme relligieux pour exercer la charge de prieur ou commissaire visiteur durant tel temps qui sera trouvé à propos pour mesnager leur réconciliation. Et que le moine Bommard n'y forme pas de la difficulté de son costé, s'il veut que je croie qu'il aye tant d'envie de se remettre en mes bonnes graces. Pour le P. Cabrier, je crois qu'il n'a garde de s'y opposer, et quand il le feroit, il ne me donneroit pas occasion de persister en la volonté que j'avois de faire quelque chose pour luy, et possible se trouveroit-il plus loing de son compte qu'il ne pense. Si le pauvre M. de Caunes qui me l'avoit donné voyoit maintenant qu'il fust en estat de se despartir de mes intentions qui ne vont qu'à son bien, il ne le souffriroit pas de la sorte, et s'il ne se range à son debvoir, il ne sçait pas ce que je puis faire pour l'y ramener malgré qu'il en eust; j'en ai bien manié d'aultres; qu'il ne s'y joue point. J'escripts à Dom Cabrier, et laisse à vostre prudence de luy rendre ma lettre ou non si jugez qu'il ne soit nécessaire et que vos seules remonstrances y puissent suffire; car j'ayme bien mieux lui escripre en témoignage du bon que je luy sauray de s'estre rangé à son debvoir, que de luy laisser en main une lettre pleine de reproches quoy que très justes; ou bien vous la luy pourriez faire voir, et luy dire qu'il la vous laisse pour la monstrer à quelque autre à qui il importe de la faire voir (1). »

Quant aux autres religieux de l'abbaye, frère Chabert, comme on l'a vu, était allé en Provence. Il était de retour à Guîtres en 1630, imparfaitement corrigé et donnant lieu au P. Du Val de se plaindre à Peiresc « de la faute que fait le P. Chabert au chœur, où le moine Bommard n'assiste guère (2). » Frère Chabert retourna en Provence en l'année 1635. « Le P. Chabert s'en va vers vous, écrivait le P. Du Val à Peiresc le 13 août de cette année; son voyage nous donnera un peu de repos. Cependant le bon Dieu, par sa grâce, nous donnera de nouvelles forces et patiences pour souffrir son retour, lequel, à mon avis, dépendra entièrement de votre volonté, comme je veux que la mienne et mes actions en dépendent (3). »

En 1630, frère Cabrier s'était rangé sous l'obéissance et il écrivait à Peiresc qu'il était « fort consolé depuis sa réconciliation avec le P. Du Val qu'il reconnoissoit pour son supérieur (4). »

Vers le milieu de cette même année, frère Garnier avait

(1) *Lettres de Peiresc* au prieur de Roumoules, copies, f. 618.

(2) *Lettres de Peiresc* au prieur de Roumoules, copies, f. 630: lettre datée du 2 janvier 1631.

(3) *Correspondants de Peiresc*, t. II, f. 670. Au début de cette lettre, le P. Du Val s'exprime ainsi : « Monsieur ; je vous rends un million d'actions de grâces pour tant d'honneur qu'il vous plait me faire, de tant de bienveillance qu'il vous plait me témoigner par votre dernière pour combler le grand nombre de tant et si grandes obligations par lesquelles depuis si longue file d'années vous me tenez lié à votre service. »

(4) *Lettres de Peiresc* au prieur de Roumoules, f. 630.

enfin fait profession, et il était dans le monastère de Guîtres (1); mais, en 1640, il avait « fait démission de sa place monacale (2). »

Ce pauvre monastère avait donc enfin recouvré un peu de paix à l'intérieur. Voici d'ailleurs son état à cette époque, tel qu'il résulte d'une enquête faite le 30 août 1630, dans le Palais archiépiscopal de Bordeaux, par Jacques Miard, prêtre, licencié en Droit canon, chanoine et archidiacre de Cernès en l'église métropolitaine de Bordeaux, pronotaire du Saint-Siège et Vicaire Général de l'Archevêché.

A la question, *si la clôture se garde,* le P. Jean Du Val, Docteur en théologie, prieur claustral de l'abbaye de Guîtres, répond qu'il « a fait édifier aux dépens de l'abbé un petit dortoir dans lequel les religieux, tant profès que novices, résident actuellement. De plus, il a fait fermer la clôture, en sorte qu'elle se garde à présent, autant qu'il se peut à un commencement.

« La régularité s'observe.

« La lecture se fait à table.

« Les religieux vivent en commun.

« Tous sont obéissants » : on avait d'abord ajouté : *excepté le frère Bommard;* ces mots ont été ensuite effacés.

« Il y a des novices, car, par arrêt de la Cour donné à l'instance du R. P. Provincial, il est ordonné que tous les religieux qu'on reçoit de nouveau à la province d'Aquitaine feront leur noviciat, ou chez les pères réformés, ou dans ledit monastère de Guîtres.

« Les novices ne manquent point de faire tous les jours l'heure de l'oraison mentale. »

Le P. Du Val « espère que le bon ordre commencé en ladite maison s'augmentera toujours par la grâce de Dieu.

« Enquis de ses maladies, dit qu'il est grandement incommodé d'estomac, de poitrine et de tête; néanmoins que,

(1) *Lettres de Peiresc* au prieur de Roumoules, f. 629.

(2) *Archives de l'archevêché de Bordeaux;* acte du 4 octobre 1640.

depuis qu'il est résidant audit lieu de Guîtres, il est beaucoup soulagé et s'emploie, autant qu'il lui est possible, aux prédications, avents et carêmes, selon qu'il lui est prescrit par Mgr l'archevêque, et pendant l'autre temps de l'année, presque continuellement en l'abbaye de Guîtres (1). »

Une autre incommodité, ou plus exactement une peine d'esprit du P. Du Val avait donné lieu à cette enquête et aux réponses qu'on vient de lire. Ainsi qu'on a pu déjà le remarquer dans quelques lettres de Peiresc, le P. Du Val doutait si, après les vœux par lui prononcés dans l'abbaye de Caunes, il pouvait, en sûreté de conscience, continuer à habiter un monastère où la clôture ne pouvait être qu'imparfaitement gardée. Pour calmer ses scrupules, le Pape Urbain VIII lui accorda, le 23 janvier 1629, un indult lui permettant de résider dans le monastère de Guîtres, *licèt in eo nondùm vigeat observantia et clausura regularis*. Jacques Miard, spécialement député par Sa Sainteté pour fulminer cet indult, s'acquitta de sa commission, après avoir auparavant « requis par serment le P. Du Val de faire l'état et relevé de l'abbaye de Guîtres », et après avoir constaté que si, d'une part, l'observance et la clôture régulière n'y sont pas en pleine vigueur, de l'autre néanmoins, la discipline commence à y être rétablie : *restauretur tamen et propè nunc restaurata reperiatur, sed adhùc perfectè restituta non est, quamvis incipiat* (2).

Malgré ce commencement de restauration, l'abbaye de Guîtres ne devait pas, ce semble, tenter l'ambition d'un homme d'ailleurs très bien pourvu de dignités, de bénéfices, de titres ecclésiastiques, civils et même militaires. Cependant, le croira-t-on? bien que le cardinàl de Sourdis fût mort, l'abbé de Guîtres avait encore des « envieux ». Son abbaye était voisine du duché de Fronsac (3) : or, en 1633, ce duché appartenait au ministre de Louis XIII, au cardinal Armand

(1) *Archives de l'archevêché de Bordeaux; Regestum collationum*, 1630, f. 119.

(2) *Ibid.*, f. 120.

(3) Le vicomté de Fronsac fut érigé en comté par lettres-patentes du roi Henri II de décembre 1551, puis en marquisat par lettres du même mois 1555, et enfin en duché-pairie au mois de janvier 1608. Anselme, *Histoire généalogique;* Paris, 1728,

Duplessis de Richelieu, lequel, non content des 1,500,000 liv. que lui rapportaient ses bénéfices (1), prétendait encore devenir abbé commendataire du monastère de Guîtres et de toutes ses dépendances.

Il fit savoir son désir à Peiresc, non directement, mais par un intermédiaire, par Le Camus, procureur général de la Cour des Aides à Paris (2), qui écrivit à l'abbé de Guîtres la lettre suivante :

« Monsieur ; quoique je n'aye pas l'honneur d'estre connu de vous, néantmoins ayant par ordre de Mgr le Cardinal esté depuis peu de jours ença en son duché de Fronsac qu'il a nouvellement acquis, pour donner ordre à ses affaires, où j'ay eu quelque pourparler avec un fort galand homme qui estoit sur les lieux pour gouverner l'Abaye de Guîtres qui vous appartient, dont je crois qu'il vous aura adverti, j'ay estimé de vous en devoir escrire à present plus librement, que j'ay eu l'honneur d'en entretenir Monseigneur, auquel j'ay fait entendre que cette abbaye qui estoit grandement esloignée de vous, qui pouvoit estre de 2,500 à 3,000 livres de revenu au moyen des annexes qui y ont esté faites, luy seroit fort commode, et à vous advantageux d'en traitter par permutation avec quelques autres benefices qui seroient plus à vostre bienseance que celuy-là. Je le voys tout disposé à cet accomodement; c'est pourquoy si vous estes en cette volonté, ainsi que m'a temoigné ledit homme, que vous ne refuseriés pas, je vous supplie de donner ordre ou à luy, ou à qui vous jugerés à propos de venir icy pour accomoder cette affaire, en laquelle je vous ser-

t. IV, p. 230. Cet auteur ajoute qu'Armand de Richelieu acquit ce duché au mois de juillet 1634. Les lettres qu'on lira bientôt nous montrent le cardinal en possession du duché de Fronsac avant la fin de l'année 1633.

(1) *Richelieu et la monarchie absolue*, par le vicomte G. d'Avenel; t. III, p. 281, et t. I, p. 420-421.

(2) Nicolas Le Camus, fils aîné de Nicolas Le Camus et de Marie Colbert, fut successivement membre du Grand Conseil, contrôleur des finances, procureur général à la Cour des Aides de Paris, intendant des armées d'Italie et des Pyrénées, et mourut en 1661, âgé de soixante ans. Sa sœur, nommée Claude, épousa Claude Pellot, intendant de la généralité de Bordeaux, et plus tard premier président au Parlement de Normandie.

viray comme estant, Monsieur, votre humble et plus affectionné serviteur. — Le Camus, *procureur général de la Cour des Aydes* (1). »

Ce « galant homme » dont parle Le Camus était Guillemin, à qui Peiresc écrivit le 21 novembre 1633 :

« Monsieur; Suivant ce que vous m'aviez mandé, M. le Procureur General de la Cour des Aydes de Paris a pris la peine de m'escrire que Mgr le Cardl Duc seroit bien ayse d'acquerir mon abbaye de Guistres à titre de permutation. Je luy fais response que cela et tout ce qui me reste de biens et de vie, est tout acquis à son Emce, et qu'elle n'a qu'à user de son droit, et en disposer selon son bon plaisir et volonté. Et d'autant que vous estes instruit des affaires de cette Abbaye mieux que tout aultre, et que vous leur en pouvez donner plus d'esclaircissement, il faudra voir de vous rendre, s'il est possible, à tel lieu que vous assignera M. le Procureur General pour travailler à ce traité au temps et à la forme qu'il trouvera la meilleure pour la satisfaction entière de son Emce, regrettant un peu la rigueur de la saison pour vos petites infirmités, mais possible trouverez-vous quelque commodité de carrosse, principalement si Mgr l'Archevesque de Bourdeaux n'est encore parti pour retourner en Cour. Je vous envoyeray tel pouvoir qui sera advisé, et croy bien que vous y contribuerez de bon cœur tout ce qui pourra dependre de vous. Je vous envoye copie de toutes les lettres que j'ay receues et escris, et demeure, Monsieur, vostre, etc. *De Peiresc* (2). »

Voici le texte de la lettre adressée par Peiresc à Monsieur Le Camus, Conseiller du Roy en ses Conseils d'Estat et Procureur General en sa Cour des Aydes, à Paris :

« Monsieur; J'ay aujourduy receu la lettre qu'il vous a pleu m'escrire du 6 de ce mois, et en avois receu peu auparavant deux autres, tant de M. de la Hoghette, que du Sr prieur de

(1) Bibliothèque Méjanes, à Aix; *Correspondance de Peiresc*, t. V, f. 703.
(2) *Ibid.*, t. V, f. 704.

Roumoules, sur le sujet de la permutation dont vous leur aviez desja fait quelqu'ouverture ; sur lequel je n'ay à vous dire si ce n'est que la personne et les interets de Monseig[r] l'Em[me] Cardin[l] Duc de Richelieu et de Fronsac me sont en telle veneration, que je reputerois à une felicité nompareille de pouvoir sacrifier à son service ma vie et tout ce peu que je puis avoir de moyens. C'est pourquoy Son Em[ce] peut commander absolument et disposer, selon son bon plaisir, de la piece que vous avez jugée de sa biensćance, comme je pense certainement qu'elle le soit pour la commodité du voisinage et pour le meslange des fiefs enclavez dans les terres de sa mouvance, comme de la perception de certains droits dont la reunion y peut bien apporter de la commodité. J'escriray donc au Sr de Roumoules qu'il se rende pres de vous, Monsieur, la part où il vous plaira l'assigner pour y recevoir et executer tous les commandements que vous luy fairez de la part de son Em[ce], à la pleine disposition de laquelle je remettray tousjours cette affaire sans reserve ni condition quelconque. Il vous pourra faire voir au vray non seulement la juste valeur de la piece, mais les moyens qu'il avoit commencé de pratiquer pour l'améliorer grandement, et suyvra vos advis en tout et par tout aussy bien que moy. Vous suppliant d'en vouloir asseurer sadicte Em[ce], et que je luy suis entierement devoué de tres longue main et à toute sa maison, dont Monseignr l'Em[me] Card[l] de Lyon se rendroit possible garent tres volontiers en ayant veu des tesmoignages telz qui pouvoient dependre de ma foiblesse, tandis qu'il a fait du sejour en ce païs (1). Et pour vous, Monsieur, si vous m'estimez capable de vous servir, je vous supplie d'en faire estat et de me commander, Monsieur, comme vostre trez humble et trez obeissant serviteur. *De Peiresc.* — A Aix, ce XXI novembre 1633.

« J'ay pris la hardiesse d'escrire un mot à son Em[ce] sur ce subjet, ayant creu de ne m'en pouvoir dispenser honnestement en une telle occurrence pour satisfaire à mon debvoir.

(1) Alphonse-Louis Duplessis de Richelieu, mort archevêque de Lyon en 1653, avait été archevêque d'Aix de 1622 à 1629.

Mais je laisse pourtant à vostre disposition de luy rendre ma lettre ou de la supprimer, si vous le trouvez meilleur, et que vous la jugiez inutile et superflue, comme je pense, puisque vous pouvez suppléer à tout avec le moindre mot que vous y daignerez contribuer, n'estant raisonnable que pour de si chetifs compliments que les miens, on desrobe à son Em^{ce} le moindre moment de ses hautes et importantes occupations (1). »

Enfin le « mot » à « Monseigneur l'Eminentissime et Reverendissime Cardinal Duc de Richelieu », était ainsi formulé :

« Monseigneur; Ayant appris que Messieurs de vostre Conseil trouvent à propos de joindre l'acquisition de l'abbaye de Guistres qu'il a pleu au Roy me commettre, à celle de la Duché de Fronsac, où elle se trouve enclavée, et que vostre Eminence en a approuvé le dessein, je n'ay pas deu manquer, Monseigneur, de luy declarer incontinent, comme je faics en toute humilité et soumission, que la pièce luy est toute acquise et pleinement devouée, ensemble tout ce que d'ailleurs je puis avoir de moyens, et ma propre vie, que je luy offre et consacre du meilleur de mon cœur, et sans réserve ni condition, la suppliant et conjurant trez humblement et trez instamment d'en accepter les vœux et d'en vouloir disposer absolument selon son bon plaisir, et de me vouloir honnorer de ses commandements, et faire connoistre ce qui sera de ses intentions, l'asseurant que les effets de ma fidelle obeyssance lui fairont bientost paroistre ce que j'ay dans l'âme, et que je n'auray rien tant à cœur que de tesmoigner à Son Eminence avec quelle ardeur et sincerité de passion et d'ancienne devotion je suis et desire d'estre advoué, s'il luy plait, Monseigneur, pour vostre trez humble, trez obeissant et fidelle serviteur. — DE PEIRESC (2). A Aix ce XXII novembre 1633. »

Les négociations furent-elles entamées et comment se

(1) Bibliothèque Méjanes; *Correspondance de Peiresc,* t. V, f. 706.
(2) *Ibid.*, t. V, f. 705.

poursuivirent-elles ? je l'ignore ; mais on sait que Richelieu, le tout-puissant Richelieu ne réussit pas à être abbé de Guîtres (1).

CHAPITRE NEUVIÈME

Lettre de Peiresc à D. Gaufreteau. — Mort de Peiresc. — Son neveu Antoine de Seguiran, lui succède comme abbé. — L'abbaye de Guîtres après la mort de Peiresc.

A partir de 1633 jusqu'en 1637, année où Peiresc mourut, je ne trouve dans ses papiers et ailleurs de pièce intéressante concernant l'abbaye de Guîtres, qu'une lettre écrite par lui en 1635, et adressée à D. Gaufreteau, abbé de La Sauve et général des Bénédictins en France. Elle fait allusion à plusieurs points sur lesquels je n'ai, à mon grand regret, aucun éclaircissement à donner.

« Il a pleu à vostre Reverence d'envoyer en mon abbaye de Guistres pour y restablir quelque ordre un si honneste personnage et si recommandable pour sa piété, bonne vie, mœurs et singulière doctrine, que j'en ay receu une grande consolation et me suis incontinent résolu de contribuer tout ce qui pourra dependre de moi pour lui donner occasion de s'y tenir volontiers et d'y faire valoir le talent que Dieu luy a donné ; et puisque le sieur abbé m'a fait l'honneur de m'en donner advis, je ne l'ay pas voulu laisser aller sur les lieux sans l'accompagner de mes lettres pour vous asseurer du desir que j'ay de vous rendre tous les services et tous les bons offices qu'il me sera possible de vous rendre.

(1) Est-ce à cette affaire que Peiresc fait allusion, le 6 mars 1635, dans ces lignes qu'il écrit à Guillemin : « Il faudra nous en tirer comme nous pourrons et y aller le plus réservé que faire se pourra en discours, et ne répondre, s'il est possible, que des épaules, car les moindres hoquets sont sujets à être pris pour de grands crimes. »

« J'avois cy devant recherché l'honneur de vostre bienveuillance et par mes amys et par mes lettres, mais je ne fus pas si heureux que d'y pouvoir prendre aulcune part, tant furent grands et puissants les artifices de ceux qui me vouloient traverser, lesquels y voulurent employer vostre nom et vostre autorité, dont je fus tres marry pour les inconvenients qui s'en pouvoient ensuyvre et qui s'en sont ensuyvis, à faulte que nous n'ayons esté de bonne intelligence. Mais le temps a fait lasser mes ennemys de me rendre leurs mauvais offices, et avec l'ayde de Dieu fera cognoistre à l'advenir la syncerité de mes intentions, avec laquelle j'espère vous trouver desormais très disposé à condescendre aux honnestes propositions qui vous pourront estre faictes de ma part pour le bien de ce pauvre lieu, qui est si desolé et si ruiné qu'on ne sauroit tout d'un coup pourvoir à tout ce qui seroit necessaire. Il y fauldra venir petit à petit, et Dieu benira l'œuvre s'il luy plaist, et en ouvrira les moyens, comme je l'en prie de bon cœur (1). »

Peiresc ne vit pas l'achèvement de « l'œuvre ». Il mourut trois ans après, le 24 juin 1637, un peu avant trois heures du soir, âgé de cinquante-six ans, six mois, douze jours et vingt heures, selon les calculs de Gassendi (2). M. de Valavez, frère de Peiresc, annonça cette triste nouvelle à Guillemin par une lettre fort touchante, et non moins curieuse par certains détails qu'elle contient :

« Monsieur; Voicy l'effect du malheureux presage de ma dernière lettre. Vous avez perdu un bon et ancien amy, et moy le meilleur de tous les frères et ce que j'ay chery le plus, et toutes mes joies. Je prie à Dieu qu'il m'assiste à supporter cette cuisante et très sensible affliction, et qu'il luy aye faict miséricorde. Je receus hier au soir par l'ordinaire une sienne lettre qu'il avoit dictée à Pierrot et signée après avoir passé le quatorziesme de sa fiebvre, remplie de tant de courage, que j'en esperois toute sorte de bonne issue; mais j'ay esté bien

(1) Registre des minutes de Peiresc, tom. III, f. 481 ; autographe.
(2) *De vitâ Peireskii*, Oper. t. V, p. 347.

trompé dans mon attente, car à ce matin on m'est venu annoncer sa mort, dont un courrier que mon fils m'a envoyé, a apporté la nouvelle, et dict qu'elle estoit arrivée le 24, jour de la Saint-Jean, sur les trois heures apres midy. Vous pouvez juger si j'ay esté surpris et touché de cest accident, et si mon desplaisir est extreme. Vous le pourrez mesurer par le vostre, et ce qui n'a pas peu servy à me l'augmenter, c'est que M. de Saint-Sauveur (1) qui m'en a porté la nouvelle avec quelques autres de mes amis, m'ont forcé d'aller à Ruel (2) pour tascher de sauver l'abbaye; à quoi Mgr le cardinal de Lyon (3) m'a bien obligé; mais comme j'avois pour competiteur M. de Garces à qui Mme la comtesse de Garces avoit donné l'advis, j'ay esté constraint de me relascher du desir que j'avois de vous la procurer, pour prendre mon nepveu de Seguiran (4) comme plus plausible, et que l'on pouvoit plus facilement appuyer; ce qui a reussy, car le Roy, à la prière de son Eminence, me l'a accordée pour mon nepveu, en quoy je ne gaigne que la satisfaction de voir qu'on m'aye considéré, et qu'en depit de nos ennemis et nos envieux je l'aye emportée, avec tous les eloges d'honneur et d'estime que je pouvois desirer pour la memoire du deffunct, Mgr le Cardinal Duc en ayant dict tout ce qui se pouvoit de plus avantageux, et tous ceux qui estoient presents, qui estoient en bon nombre; si

(1) Jacques Dupuy, prieur de Saint-Sauveur, frère de Pierre Dupuy, comme lui garde de la bibliothèque du roi, et comme lui, intime ami de Peiresc. Cfr. Lettres de Peiresc aux frères Dupuy, publiées par M. Tamizey de Larroque, dont le premier volume paraîtra en même temps que cette brochure.

(2) *Rueil*, canton de Marly-le-Roi, département de Seine-et-Oise. Aujourd'hui il ne reste plus rien du splendide château que le cardinal de Richelieu y possédait, et qu'il aimait tant à habiter. Cfr. *Rueil, le château de Richemond, la Malmaison, avec pièces justificatives*, par J. Jacquin et Joseph Desberg; Paris, 1846, in-8o, avec figures.

(3) Alphonse-Louis Duplessis de Richelieu, frère du célèbre ministre, appelé le cardinal de Lyon. Cf. *Vita Alphonsi-Ludovici Plessaei Richelii, presbyteri cardinalis, archiepiscopi Lugdunensis, auctore Michaele de Pure, presbytero*; Parisiis, in 12. — *Gallia christiana*, t. IV, col. 193-195. — Fisquet, *La France Pontificale, Lyon*; Paris, in-8o, p. 457-463. —Marc-Antoine Péricaud : *Notice historique sur Alphonse-Louis du Plessis de Richelieu, archevêque de Lyon sous Louis XIII et Louis XIV*; Lyon, 1829, in-8o.

(4) Antoine de Seguiran, fils d'une sœur de Peiresc, mariée à Henri de Seguiran, premier président de la Cour des Comptes de Provence, lequel laissa sa charge à son fils.

bien que vous n'aurez pas travaillé tout à fait inutilement, puisqu'une personne qui nous est si proche profitera de vos peines. Ne laissez pas de faire ce que je vous ay marqué; car comme nous sommes dans le païs de la mescognoissance, il ny aura pas de mal de retenir cela pour faire cognoitre à ceux qui se voudroient eschapper qu'ils ont encores besoing de nous et de vous; et preparez-vous pour ce qui peut appartenir à feu mon frère, en sorte que nous n'ayons à dependre de personne, et me marquez, je vous prie, par la plus prompte et première commodité, en quoy consistent les droits de feu mon frere; si les fruits de l'année sont entièrement siens ou une partie, et generalement ce que vous estimerez me debvoir faire scavoir pour la conservation de ce qui luy appartenoit. Je ne vous dis rien en responce de vostre lettre, parce que vous jugez bien que je ne suis pas en estat d'y pouvoir songer. Je crois que vous songerez à nous venir revoir pour tascher de nous consoler si je puis jamais l'estre, et nous tirer de l'affliction dont vous nous plaignez tant..... De Paris, ce 1er juillet 1637. — *Valavez* (1). »

Le Souverain Pontife ne se pressa pas de confirmer la nomination de Seguiran à l'abbaye de Guîtres, sans doute parce que, comme l'écrivait Bouchard à M. de Valavez le 3 septembre 1639, le pape était « entierement résolu de ne plus accorder de commendes en quelque sorte que ce soit. » Bouchard, qui était alors à Rome, ajoute: « Je parlai la semaine passée à M. le Dataire pour l'abbaie de Guistres, lequel me dit avoir proposé déjà par deux fois cette affaire à Sa Sainteté, laquelle n'y a point voulu prester l'oreille; que neantmoins il lui en parleroit pour la troisiesme fois, son Eminence le lui ayant commandé avec une expresse recommandation; dont j'ai averti M. Jenel, qui donnera avis à Mrs de Seguiran de ce qui ce passera (2). » L'affaire traîna encore en longueur, car Antoine de Seguiran ne prit possession de l'abbaye de Guîtres

(1) *Correspondants de Peiresc*, t. I, f. 189, autographe.
(2) *Les Correspondants de Peiresc; Lettres de Jean-Jacques Bouchard publiées par M. Tamizey de Larroque;* Paris, 1881, p. 67.

que le 22 novembre 1642. Mais il la garda longtemps, puisqu'il « vécut jusqu'en 1709 au moins », selon Du Tems (1).

Au mois d'octobre 1640, le monastère comptait en tout quatre religieux, savoir : le P. Du Val, Raymond Bommard, Louis Chabert, et Louis Cabrier dont je n'entends plus parler après cette date. Joseph Fauchier, prêtre et docteur en théologie, était alors économe à l'abbaye, au lieu et place de Denis Guillemin. Du reste, Fauchier ne fit jamais partie du monastère. Après avoir été curé résidant de Saint-Pierre de Cars en Blayais, il fut le 14 juin 1632, présenté par le P. Du Val pour la cure de Coutras, et il en prit possession le mercredi 30 du même mois (2).

J'ignore en quelle année mourut le P. Du Val. Il vivait encore en 1641, car le 19 avril de cette année, il demandait aux Bénédictins de Sainte-Croix de Bordeaux, les règlements observés dans les abbayes bénédictines où l'autel de l'église abbatiale est commun aux religieux et au vicaire perpétuel de l'église du monastère, afin de montrer ces règlements aux vicaires généraux de l'archevêque de Bordeaux, et terminer les contestations élevées sur ce point par le vicaire perpétuel de Guîtres (3).

Le successeur du P. Du Val dans la charge de prieur fut le moine Raymond Bommard, dont nous avons tant de fois parlé. Il était, en effet, prieur au mois de juillet 1644, il l'était encore en 1659 (4), et il le fut probablement jusqu'en 1664; puisque l'acte de nomination de son successeur qui est de cette date, le dit « *dernier* et paisible possesseur de la charge, *ultimi et pacifici possessoris.* »

(1) *Le Clergé de France*, t. II, p. 252.

(2) Archives de l'Archevêché de Bordeaux; Registres des Insinuations, 1632, f. 146.

(3) *Actes capitulaires des Bénédictins de Sainte-Croix de Bordeaux*, à la date du 19 avril 1641 : Archives départementales de la Gironde, série H, in-4°, p. 78. J'ai donné les réponses envoyées au P. Du Val dans mes *Prieurs claustraux de Sainte-Croix de Bordeaux*; Bordeaux, 1884, in-8°, p. 53-55.

(4) C'est ce qui résulte d'une autorisation donnée à un religieux profès de l'abbaye de La Sauve pour qu'il pût recevoir les ordres-moindres des mains de l'archevêque Henri de Béthune. Dans cette pièce datée de Bordeaux, *datum Burdigalæ in nostro domicilio*, Bommard prend les titres de bachelier en Droit-Canon, prieur claustral de l'abbaye de Guîtres, Général de la congrégation des Bénédictins-Exempts, et il signe, *R. Bommard, prior et generalis ut suprà.*

Paisible, c'est-à-dire jouissant paisiblement de son titre, ce qui n'est pas, ici du moins, synonyme de *pacifique*. Raymond Bommard, en effet, ne vécut guère plus pacifiquement avec le vicaire perpétuel de Guîtres, qu'il n'avait fait avec le Père Du Val. Le différend fut porté devant l'archevêque de Bordeaux par le vicaire perpétuel, nommé Duteil. Il résulte de sa requête que, « n'ayant point de maison presbytérale, et pour éviter les reproches et méchancetés dudit frère Bommard en logeant dans une maison séculière, s'étant retiré dans une maison de l'abbaye appartenant au sieur Chabert, religieux de ladite abbaye, avec lequel ledit suppliant prenoit sa nourriture, comme ledit sieur Chabert a été obligé de faire un voyage en Provence, il laissa en garde sa maison au suppliant, qui, après le départ de Chabert, fut chassé par Bommard de ladite maison, des portes de laquelle il arracha les serrures et en mit d'autres pour empêcher que le suppliant rentrât dans ladite maison (1). » Et dans sa réponse, frère Bommard ne réclame pas contre ces plaintes, pas plus qu'il ne contredit ces autres assertions de ladite requête : « Il n'y a que quatre religieux à Guîtres, dont trois sont d'ordinaire absents pour diverses affaires : il n'y reste que ledit Bommard. »

Le 3 juin 1665, il signait le Formulaire d'Alexandre VII en prenant simplement la qualité de « religieux de Guîtres ». Il avait été remplacé dans la charge de prieur par le P. Louis Chabert, « prêtre, religieux profès de l'ordre de Saint Benoît, bachelier en sainte théologie et prieur de Saint Etienne de Chamadelles. » Sa nomination par Antoine de Seguiran, abbé de Guîtres, est du 4 mars 1664, et D. Chabert prit possession le 28 du même mois. Le 2 octobre suivant, il était nommé vicaire général de l'abbé de Guîtres (2). Il mourut probablement en 1683. Cette même année, en effet, un nommé Limon, qui prend le titre de vicaire général de l'abbé de Guîtres,

(1) Archives de l'archevêché de Bordeaux.

(2) Archives de l'archevêché de Bordeaux; *Registre des Insinuations*, 1664, f. 181. D'après un acte signé *Henry de Béthune* et daté du 11 septembre 1658, il y avait alors à Guîtres deux religieux du nom de Chabert, Louis et Pierre Chabert. Ce dernier est qualifié « prestre relligieux de l'abbaye de Guitres et prieur de Clérac ». (Archives de l'archevêché de Bordeaux).

conféra à un religieux appelé Ollivier, le prieuré de Saint-Michel de La Rivière, ci-devant possédé, dit l'acte de collation, par le P. Louis Chabert.

Il serait intéressant de savoir comment gouvernèrent des hommes qui furent si difficiles à gouverner; mais les documents sur ce point nous font complètement défaut.

On peut en dire autant de ce qui concerne les successeurs de Peiresc dans l'abbaye de Guîtres. Il paraît néanmoins certain que, s'ils eurent un zèle égal au sien pour le bien spirituel de l'abbaye, ils ne furent pas plus heureux dans les résultats.

Le 15 décembre 1742, D. Pierre-Joseph Lostau, prieur de Saint-Sauveur de Blaye, écrivait à l'intendant Tourny :

« L'abbaye de Guîtres, du diocèse de Bordeaux, doit être composée de quatre religieux : il n'y en a aujourd'hui que trois : Dom Paly, prieur, Dom Berau et frère Richon, profès depuis trois mois. Vous savez, Monsieur, mieux que moi le désordre où est cette abbaye : les procès qui sont devant vous en sont un témoignage. Je ne connois pas le caractère d'esprit de Dom Paly., prieur, que je n'ai vu que lors de ma visite. Il me parut d'une grande vivacité malgré son âge et ses infirmités, et tout occupé de ses procès. Dom Berau est de ces caractères que rien ne peut mouvoir, de bonne vie et mœurs, un peu indolent pour son état. Richon, profès de vingt et un ans, est un bon esprit, de bonne vie et mœurs. Il a été élevé au Petit Séminaire à Bordeaux, où il s'est très bien comporté. Il est aujourd'hui au séminaire à Aire en Gascogne. Il n'y a pas d'office (1). »

Environ quinze ans après, on constate une décadence plus grande encore. Un nommé Rulle, écrit de Libourne à l'intendant Tourny, le 20 janvier 1758 : « Il n'y a présentement à Guîtres que deux religieux, les sieurs Richon et Tranchères. Ce dernier bâtit un logement pour lui à l'abbaye, au moyen de quelque argent dont l'abbé se trouve débiteur. Il y a eu autrefois beaucoup d'altercations : à présent, tout est tran-

(1) Archives départementales de la Gironde, série C, Intendance, n° 3327.

quille. Ces deux religieux sont fort unis, fort estimés, et l'abbé (1) réside ordinairement dans le bourg de Fronsac dont il est décimateur (2). »

S'il n'y avait que deux religieux à Guîtres au lieu de quatre, c'était, d'après ce qui fut dit au chapitre général des Bénédictins-Exempts tenu les 1er, 2 et 3 mai 1758 dans l'abbaye Sainte-Croix de Bordeaux, « par la négligence affectée de l'abbé commendataire qui ne nommoit point aux places vacantes (3). »

Cependant, quelques jours après, le monastère de Guîtres acquérait un troisième profès ; mais quel religieux ! « Je pense, écrivait D. Lostau à l'Intendant Tourny, le 12 juin 1758, je pense qu'on ne peut se refuser à recevoir le sieur Arnaud, religieux de notre congrégation. Nos confrères de Charroux ont fait une faute irréparable de l'avoir reçu au noviciat et émission des vœux. Aujourd'hui, il est profès, et depuis plus d'un an : en cette qualité, il a droit à tous les bénéfices de l'Ordre. Il a obtenu en Cour de Rome une place vacante dans l'abbaye de Guîtres. S'opposer à sa prise de possession et à le recevoir *in fratrem,* ce seroit donner occasion à un appel comme d'abus, dans lequel succomberoient les religieux de

(1) N. de la Gogué, nommé le 1er novembre 1712. D'après une pièce que j'ai vue aux archives de l'Archevêché de Bordeaux, il était alors vicaire de la paroisse de Saint-Sulpice à Paris et demeurait au presbytère de cette même paroisse ; néanmoins il n'appartint jamais à la Compagnie de Saint-Sulpice. Il mourut le 8 mars 1765, âgé de quatre-vingt quatre ans. Cfr. Du Tems, *le Clergé de France,* t. II, p. 252.

(2) Archives départementales de la Gironde, série C, Intendance, n° 3327.

(3) Archives départementales de la Gironde, *loc. cit.* Le procès-verbal de ce chapitre nous apprend que la congrégation des Exempts, en 1758, formait quatre provinces : celle de Guyenne, celle de Poitou, celle de Languedoc et celle de Gascogne. Les abbayes qui en dépendaient étaient : dans le diocèse de Bordeaux, outre Guitres, Saint-Sauveur de Blaye, qui comptait à peine six religieux. Dans le diocèse de Bazas, Saint-Ferme où il y avait sept religieux en 1742, et Blaisimont, qui n'avait qu'un prieur et deux religieux en 1758. Dans le diocèse de Poitiers, Notre-Dame de Nanteuil-en-Vallée, avec six religieux ; Saint-Benoît de Quinçay ; Saint-Sauveur de Charroux ; Notre-Dame de Moreaux, avec un prieur et un religieux « qui n'y réside point, faute de logement en état ». Dans le diocèse de Saintes, Saint-Etienne de Baigne. Au diocèse de Lescar, Saint-Pierre de La Réolle-Bearn, avec six religieux. Au diocèse de Sarlat, Saint-Sourd de Terrasson. Au diocèse de Limoges, Saint-Pierre de Vigeois avec huit religieux. Au diocèse de Rieux, Saint-Etienne du Mas-d'Azil. Au diocèse de Carcassonne, Saint-Hilaire. Au diocèse de Tarbes, Saint-Pierre de Tasques. Au diocèse de Viviers, Notre-Dame de Cruas. Le Chapitre général de 1758 nomma D. Lostau supérieur et abbé général de la Congrégation.

l'abbaye de Guîtres et la congrégation, si on voulait le défendre. Le soin que doivent avoir à l'avenir les supérieurs et religieux de chaque maison est d'exécuter, sans aucun égard, le règlement fait contre les transférés, de n'en recevoir aucun, sous quelque prétexte que ce soit (1). »

Au chapitre général tenu en 1761 dans l'abbaye de Saint-Sauveur de Blaye, Dom Richon, prieur de Guîtres, dit n'avoir rien à reprocher aux religieux, ses confrères, et déclare leur vie édifiante et régulière (2).

En mars 1768, le roi donna, touchant les ordres religieux de France, un édit qui est demeuré célèbre. Entre autres dispositions, il portait que tous les monastères d'hommes seraient composés d'au moins quinze religieux de chœur, non compris le supérieur, si ces monastères n'étaient pas réunis en congrégation, et d'au moins huit religieux de chœur, sans compter le supérieur, s'ils étaient réunis en congrégation (3).

Cet édit porta un coup mortel à la congrégation des Bénédictins-Exempts. S'étant assemblés en chapitre général le 6 novembre 1769, ils représentèrent au commissaire député par le roi pour y assister, qu'il ne leur était pas possible de se maintenir en congrégation, ni de se conformer à l'esprit de l'édit de 1768. Considérant donc cette impossibilité, le roi, par ses lettres patentes du 25 mars 1770, éteignit la congrégation des Bénédictins-Exempts, et donna pouvoir aux évêques des diocèses où elle avait des monastères, de procéder à des unions et extinctions canoniques (4).

Ferdinand-Maximilien Mériadec, prince de Rohan, archevêque de Bordeaux, ayant en conséquence demandé au roi l'autorisation de supprimer et d'unir, au moins en partie, au Séminaire de Saint-Raphaël de Bordeaux les menses conventuelles et offices claustraux des abbayes de Saint-Sauveur de

(1) Archives départementales de la Gironde, *loc. cit.*

(2) *Archives historiques de la Gironde*, t. XIX, p. 449.

(3) *Recueil général des anciennes lois françaises*; Paris, t. XXII, p. 478.

(4) Acte de soumission des religieux de Saint-Sauveur de Blaye, publié par M. l'abbé Bellemer dans son *Histoire de la ville de Blaye*; Bordeaux, 1886, in-8°, p. 368, 369.

Blaye et de Notre-Dame de Guîtres (1), Louis XV lui fit expédier le brevet suivant :

« Aujourd'hui vingt-deux août 1773, le roi étant à Compiègne, Sa Majesté étant informée de l'état des lieux réguliers des monastères de Saint Sauveur de Blaye et de Guîtres, ordre de Saint Benoît, diocèse de Bordeaux, ci-devant membres de la Congrégation des Exempts, et de l'impossibilité où sont les religieux qui les composent, à raison du petit nombre auquel ils sont réduits, de satisfaire à ce qui est prescrit tant par les articles VII et IX de l'Edit du mois de mars 1768, pour le rétablissement de la conventualité dans les monastères qui ne sont pas en congrégation, que par l'article IX de l'Edit du mois de février dernier, concernant la vie commune et la réédification des lieux claustraux, Sa Majesté a permis et permet au sieur archevêque de Bordeaux de procéder suivant les règles civiles et canoniques, et en la forme accoutumée, à l'extinction et suppression de chacune des menses conventuelles et offices claustraux dépendant desdites abbayes de Saint Sauveur de Blaye et de Guîtres, pour, les revenus qui en dépendent être employés, tant à la dotation du séminaire de Saint Raphael de Bordeaux, et en bourses et demi-bourses en faveur des jeunes ecclésiastiques qui s'y destinent aux ordres sacrés, qu'en pensions gratuites pour les prêtres dudit diocèse qui, par leur âge ou leurs infirmités sont hors d'état de remplir utilement les fonctions du saint ministère, et aux autres charges et conditions qui seront jugées convenables et nécessaires ; et notamment, et préférablement à tout autre emploi, qu'il sera payé à chacun des religieux desdits monastères, sur les revenus d'iceux et offices claustraux en dépendant, une pension viagère équivalente aux revenus dont ils ont joui jusqu'à présent, soit comme simples mansionnaires, soit comme titulaires desdits offices; le tout, ainsi qu'il est porté aux Lettres patentes du vingt-cinq mars mil sept cent soixante dix, confirmatives des délibérations prises par le chapitre général de ladite congrégation des Exempts tenu au mois de novembre précédent ; et

(1) *Archives de l'Archevêché de Bordeaux*; pièce sans date.

m'a Sa Majesté commandé d'expédier le présent brevet que, pour assurance de sa volonté, Elle a signé de sa main et fait contresigner par moi, son conseiller secrétaire d'Etat et de ses commandemens et finances. — Louis, et plus bas, Bertin (1). »

L'agonie des monastères de Saint-Sauveur et de Guîtres se prolongea encore l'espace de seize mois. Enfin, le 30 décembre 1774, par un seul et même décret, l'archevêque de Bordeaux supprima ces deux abbayes et unit au séminaire de Saint-Raphaël les biens et revenus qui en dépendaient (2). L'affaire fut en effet consommée, et un document de 1787 dit en termes exprès que les « quatre places monacales » de l'abbaye de Guîtres étaient alors réunies au petit séminaire (3).

Ainsi, quand le souffle de la Révolution française dispersa les religieux des autres monastères, celui de Guîtres avait déjà cessé d'exister au moins comme être moral. De ses bâtiments eux-mêmes, il ne reste aujourd'hui à peu près que la majestueuse église dont la conservation et l'embellissement font depuis long temps, j'aime à le redire ici, le glorieux souci et le perpétuel éloge des paroissiens de Guîtres et de leurs pas-

(1) *Archives départementales de la Gironde.*

(2) Cet acte est à peu près identique pour le fond avec le décret de suppression de Saint-Romain de Blaye et Saint-Vincent de Bourg, rapporté par M. Bellemer : *Histoire de la ville de Blaye*, p. 374-378.

(3) L'*Aquitaine*, t. I, p. 475. Cette même année 1787, le 23 janvier, l'archevêque de Bordeaux, Jérôme-Marie Champion de Cicé, alors à Paris, où il était « retenu pour la prochaine assemblée des Notables », éteignit et supprima « la conventualité, mense conventuelle et communauté des religieux du monastère de Saint-Etienne de Baigne, ordre de Saint-Benoît, diocèse de Saintes, ci-devant membre de la Congrégation des Exempts, » et unit et incorpora « tous les biens, droits et revenus dépendants de ladite mense, ensemble des offices claustraux y réunis, à la fabrique de l'église cathédrale de Saintes, pour en jouir par le décès successif des quatre religieux actuels, ou de la démission qui pourra en être par eux faite en vertu du présent décret, le tout aux clauses, charges, conditions, réserves et distinctions expliquées » dans vingt-deux articles, dont voici le neuvième : « Il sera, par la fabrique de l'église de Saintes, payé à la paroisse de Baigne, à titre de rente et redevance perpétuelle, la somme de deux cents livres par an, pour l'entretien et subsistance d'un maître d'école, à la charge de donner l'instruction gratuite aux pauvres ; et sera ledit maître d'école tenu d'obtenir préalablement de Mgr l'évêque de Saintes, son agrément et autorisation en la forme ordinaire. » Louis-Athanase Balbe Berton de Crillon fut le dernier abbé commendataire de Saint-Etienne de Baigne. Les revenus annuels de la mense conventuelle et des offices claustraux du monastère montaient à 5,000 livres environ, « charges foncières et décimes non déduites. » (*Archives de l'Archevêché de Bordeaux.*)

teurs successifs (1). Néanmoins, l'avouerai-je? après avoir visité en détail et longtemps admiré ce bel édifice, j'ai éprouvé et j'éprouve encore un regret : celui de ne rencontrer nulle part le nom de l'homme qui contribua plus que tout autre à relever ce temple de ses ruines. Si la lecture de cet opuscule consacré à la mémoire du plus illustre et du plus généreux des abbés de Guîtres, inspirait à quelques âmes ayant le culte des souvenirs, le pieux dessein de lui élever, dans cette église ou ailleurs. un monument plus durable que ces pages éphémères, je m'estimerais trop récompensé de mon modeste travail, et je dirais à mon tour, non de ce que j'ai fait, mais de ce que j'aurais donné occasion de faire : *Exegi monumentum.*

(1) Dans son *Compte rendu* de 1848-1849 (Paris, 1849, p. 8, 9), la Commission des monuments et documents historiques du département de la Gironde a donné une description avec plan de la belle église de Guîtres. Les auteurs de cet article n'ont pas oublié Peiresc. « L'abbaye de Guîtres, disent-ils, se recommande, entre autres souvenirs, par le nom du celèbre Peiresc, qui en fut abbé commendataire de 1624 (*lisez* 1619) à 1637, et y introduisit » (ou plutôt s'efforça d'y introduire) « une réforme sévère ».

APPENDICE

BREF D'URBAIN VIII A PEIRESC

Urbanus octavus dilecto filio Nicolao Fabritio abbati commendatario monasterii Beatæ Mariæ de Aquistria Burdegalensis diœcesis. Dilecte fili, salutem et apostolicam benedictionem. Dum eximiæ tuæ providentiæ scopum cœterasque à Domino omnium bonorum largitore tibi traditas virtutes et in gerendis rebus compertam experientiam singularisque pietatis zelum, necnon tuæ ergà Nos et Sedem Apostolicam devotionis affectum diligenter attendimus, illa profecto tibi libenter concedimus quæ prospero successui piorum tuorum cœptorum fore conspicimus opportuna. Cùm itaque, sicut nobis nuper exponi fecisti tu, cui ad tuî vitam monasterium Beatæ Mariæ de Aquistria Ordinis Sancti Benedicti Burdigalensis diœcesis à quinquennio vel circà Apostolica auctoritate commendatum existit, cupiens antiquam divi Patris Benedicti regulam et disciplinam in monasterio prædicto, quod cùm tu possessionem illius adeptus fuisti, ab hæreticis istarum partium devastatum et incuria prædecessorum tuorum abbatum sive perpetuorum commendatariorum penitùs desolatum invenisti, prout anteà coli et observari, omnes ferè et singulos dicti monasterii fructus, redditus et proventus per te à tempore quo illud possides, à quinquennio videlicet vel circà, perceptos, in illius ecclesiæ et ædificiorum reparationem ac restaurationem, quorumdamque jurium et bonorum ejusdem ab injustis detentoribus redemptionem ac recuperationem, tàm per amicabilem quàm per judiciariam viam factam, nec non in librorum aliæque monasticæ supellectilis comparationem, et in alios ecclesiæ, monachorum ac famulorum ejusdem utiles ac necessarios usus ac sumptus impenderis, et Deo piis tuis cœptis favente, ædificia ipsa, ob quorum ruinam per quadraginta annos vel circà, nulli monachi in ipso monasterio inhabitaverant, ità reparaveris ut jàm aliquot monachi in illis recipi et commorari possint; imo etiam jàm sex bonorum vitæ ac morum monachos ordinem præfatum expressè professos, inibi sub priore suo claustrali victuros ac regularia ejusdem Ordinis instituta exactè observaturos, de suorum superiorum licentiâ introducere et collocare decreveris, quorum aliqui jàm inibi collocati ac commorantes tàm suavem suî odorem præbere cœperunt, ut cœteri illarum partium dicti Ordinis monachi etiam monasteriorum reformatorum pro instituendo sub illorum directione inibi novitiorum seminario instantiam fecerint; ex eo verò quòd, vigentibus in partibus illis bellicis tumultibus, diversi monasterii præfati tituli deperditi, possessionesque ac prædia et alia permulta bona distracta et à laicis ac hæreticis, seu forsan aliis personis occupata sunt; et de præsenti ferè omnes prioratus simplices ab illo dependentes et juxtà illorum fundationem per illius monachos aliàs obtineri soliti, à secularibus clericis seu presbyteris in commendam obtinentur et forsan in confidentiam occupantur, *seu* (1) *etiam in titulum à quibusdam monachis certè, sed vel aliorum monasteriorum non reformatorum, undè prioratus hujusmodi non dependent, absque debita translationis eorumdem executione, vel ejusdem quidem monasterii Aquistriensis, qui tamen reformationem suscipere nolunt, indebitè detinentur*, redditus ejusdem monasterii ità diminuti reperiantur, ut ipsi interim dùm bona præfata recuperare satagis pro competenti victu monachorum *reformationem profiteri volentium*, ad divinum officium in illo peragendum non sufficiant, ob idque sanctum tuum et laudabile propositum ad congruum finem perducere non valeas, nisi per Nos et Sedem Apostolicam tibi de infrà scripto remedio consulatur: Nos te specialis gratiæ favore prosequi volentes, necnon à quibusvis excommunicationis, suspensionis et interdicti, aliisque ecclesiasticis sententiis, censuris et pœnis, à jure vel ab homine, quâvis occasione vel causâ latis, si quibus quomodolibet innodatus existis, ad effectum præsentium duntaxat consequendum, harum serie absolventes et absolutum fore censentes, porrectis nobis pro parte tuâ super hoc supplicationibus inclinati, tibi ut, quoad vixeris et dictum monasterium obtinueris, omnes et singulos ab eodem monasterio dependentes prioratus, non tamen actu vel habitu conventuales neque electivos, per clericos seu presbyteros seculares cujuscumque qualitatis, non tamen S. R. E. cardinales, in commendam, *vel à monachis aliorum monasteriorum, aut ejusdem quidem Aquistriensis monasterii, sed reformationem suscipere*

(1) Ici et plus loin, les mots du texte imprimés en caractères italiques ne sont pas dans le bref du 22 février.

nolentibus, ut præfertur, obtentos, eveniente eorum per cessum vel decessum, *inhabilitatem, incapacitatem, defectum ætatis possessorum eorumdem, incompatibilitatem*, aut alium qnemcumque modum, non tamen in romana curia, vacatione, tu solus per te ipsum vel alium seu alios, quem vel quos ad id duxeris deputandum seu deputandos, ubique locorum ubi te pro tempore morari seu degere contigerit, monachis in dicto monasterio sub reformatione existentibus, sive jam professis, sive profiteri volentibus, ejusdem ordinis, cum decreto tamen, quoad profiteri volentes hujusmodi, quòd infrà sex menses ex tunc proximos, habitum per professos gestari solitum suscipere, et statîm, anno probationis elapso, professionem per eosdem emitti consuetam emittere teneantur; regulares aliàs provisiones hujusmodi nullæ sint; singulos tamen singulis, et ità quòd illorum fructus, redditus et proventus in massam pro mensæ conventualis monachorum ejusdem monasterii manutentione conglobentur, non tamen propterea illi applicati, aut prioratus hujusmodi eidem in perpetuum vel ad tempus uniti esse censeantur (1), conferre et de illis etiàm providere possis et valeas, apostolicâ auctoritate, tenore præsentium, concedimus et indulgemus (2).

(1) Peiresc proposait d'ajouter la clause suivante :
Nisi usque ad talem numerum aut qualitatem, quorum annui fructus, redditus et proventus, valorem sexcentorum ducatorum auri de camera vel circà non excedant, ad quam usque summam tantùm vel circà prioratus hujusmodi eidem mensæ conventuali applicatos et unitos esse apostolicâ auctoritate decernimus, donec aliundè præfati monasterii bona distracta recuperari et monachorum victui applicari potuerint.

(2) Autre addition proposée par Peiresc :
Præterea ut, sublatis impedimentis quibuslibet, possis de cæteris beneficiis ecclesiasticis tuæ dispositioni commissis, personis idoneis et aliàs tibi ac monachis ejusdem monasterii gratis salubriter providere, easque eligere quæ pacis ac charitatis actæ spiritu, cum dicto monasterio cumque monachis ejusdem, iis præsertim quibus de dictis prioratibus provisum fuerit, concorditer vivere possint, et lites quæ inter ipsos pro fructuum portionibus moveri solent in posterum vitare, Nos motu proprio tibi similiter ut, quoad vixeris, quascumque vel qualiacumque cum curâ vel sine curâ beneficia ecclesiastica, et dicti ordinis regularia, ad tuî et pro tempore existentis abbatis seu perpetui commendatarii dicti monasterii tantùm, collationem, provisionem, præsentationem, electionem, seu quamvis aliam dispositionem spectantia, et ab eis quomodolibet dependentia, singularia videlicet, etiamsi canonicatus et præbendæ, dignitates, personatus, administrationes vel officia etiàm curata et electiva, secularia, etiamsi parochiales ecclesiæ, perpetuæ vicariæ, vel capellæ seu capellaniæ simplices, regularia verò, etiamsi prioratus, præpositatus, dignitates, non tamen conventuales, nec electivæ, nec officia claustralia fuerint, quandocumque et ubicumque per cessum vel decessum, inhabilitatem aut alium quemcumque modum extrà dictam romanam curiam pro tempore vacare contigerit, quibusvis personis, idoneis tamen et juxtà sacrorum canonum et Concilii Tridentini dispositionem, conferre et de illis etiam providere valeas, apostolicâ auctoritate, tenore præsentium, concedimus et indulgemus.

Decernentes ad hunc effectum omnes et singulos de dictis prioratibus per illos in commendam seu in titulum aut aliàs, ut præfertur, obtinendos ex tunc in posterum, vitâ tuâ durante, faciendæ cessiones seu resignationes, nisi in favorem monachorum per te in dicto monasterio receptorum, nullas et irritas fore ac pro nullis et irritis habendas esse; imò ipsos nunc existentes dictorum prioratuum commendatarios seu titulares quoscumque eorumdem possessores, in aliorum quàm in ipsorum monachorum favorem, suis commendis, tuâ vitâ durante, cedere, vel prioratus hujusmodi resignare non posse, collationesque, provisiones, commendas et alias dispositiones de prioratibus hujusmodi per Nos vel successores nostros Romanos Pontifices pro tempore existentes, et S. R. E. cardinales et de Latere Legatos, Nuntios et Vice-Legatos, seu locorum ordinarios vel alios collatores, quibusvis personis, etiàm nostris, et eorumdem cardinalium familiaribus et continuis commensalibus, et in recompensationem jurium cessorum seu oblatorum, contrà præmissorum seriem pro tempore faciendas, nullas et invalidas nulliusque roboris vel momenti fore, ac nullum per eas cuibet jus acquiri aut coloratum titulum possidendi tribui posse; et si quas dimissiones, cessiones seu resignationes de illis in aliorum quàm in monachorum reformatorum prædictorum favorem, ex nunc deinceps, etiam apud Sedem Apostolicam, fieri et admitti contingat, pro nullis et irritis haberi, sicque ab omnibus et singulis censeri, ac ità per quoscumque judices et locorum ordinarios et commissarios et Apostolici Palatii Auditores, ac ejusdem S. R. E. Cardinales et de latere Legatos, Vice-Legatos et Nuntios, judicari et diffiniri debere, et insuper irritum et inane, si secùs super his à quoquam quâvis auctoritate, scienter aut ignoranter, contigerit attentari. Non obstantibus constitutionibus et ordinationibus apostolicis, necnon monasterii et ordinis prædictorum, etiàm juramento, confirmatione apostolicâ, aut quâvis aliâ firmitate roboratis, statutis et consuetudinibus, privilegiis quoque, indultis et literis apostolicis, eis eorumque superioribus et personis, sub quibuscumque tenoribus et formis, ac cum quibusvis clausulis et decretis in genere vel specie aut aliàs in contrarium forsàn quomodolibet concessis, confirmatis et innovatis; quibus omnibus, etiamsi de illis illorumque totis tenoribus specialis, specifica et expressa mentio in præsentibus facienda foret, illis aliàs in suo robore permansuris, hâc vice duntaxat, specialiter et expressè derogamus, cœterisque contrariis quibuscumque. Volumus autem, et eisdem Apostolica auctoritate et tenore decernimus, quòd illi quibus de singulis prioratibus hujusmodi per te seu à te deputandos, vigore præsentium, provideri contigerit, infrà octo menses singulas provisiones hujusmodi immediatè sequentes, novam provisionem de iisdem prioratibus à Sede Apostolicâ reportare omninò teneantur, quòdque in singulis provisionibus præfatis, de præsenti decreto specialis, specifica et expressa mentio fieri debeat, ad hoc ut de iisdem prioratibus à te seu per te deputandos, ut præfertur, provisi, nullam dicti decreti ignorantiam prætendere aut allegare possint; alioquin, in quemlibet præmissorum defectum, provisiones hujusmodi nullæ sint, prioratusque hujusmodi vacent eo ipso, irritum et inane decernentes quidquid in contrarium contigerit attentari. Datum Romæ apud S. Petrum, sub annulo piscatoris, die IX decembris, MDCXXV, Pontificatûs nostri anno tertio (1).

(4) Registre LI, f. 256-258. Le bref du 22 février est dans le même registre, f. 278, 279.

TABLE DES MATIÈRES

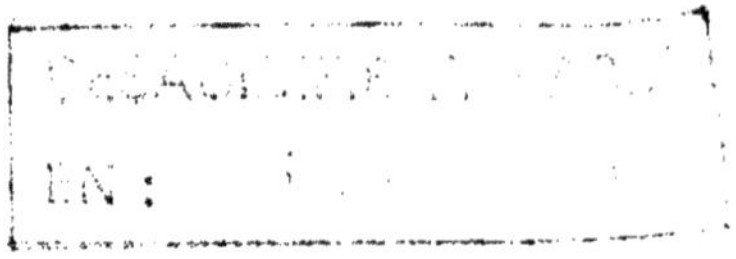

DU MÊME AUTEUR

Vie, Écrits et Correspondance littéraire de Laurent-Josse Le Clerc ; Paris, 1878, gr. in-8° de XII-352 pages.

Les Prieurs claustraux de Sainte-Croix de Bordeaux et Saint-Pierre de La Réole, *depuis l'introduction de la réforme de Saint-Maur;* Bordeaux, 1884, gr. in-8° de 196 pages.

Mélanges de biographie et d'histoire; Bordeaux, gr. in-8° de 608 pages.

Dans sa séance publique du 24 juin 1886, l'Académie des Sciences, Belles-Lettres et Arts de Bordeaux, a décerné à l'auteur de ces trois ouvrages une médaille d'or (premier prix du concours d'histoire).

L'Oratoire à Bordeaux; Bordeaux, 1886, gr. in-8° de 182 pages.

Labadie et le Carmel de La Graville près de Bazas; Bordeaux, 1886, gr. in-8° de 90 pages.

POUR PARAITRE PROCHAINEMENT

Dix années (1660-1670) **du Protestantisme à Bordeaux, d'après les Registres du consistoire de l'Église soi-disant réformée de cette ville;** — in-8°.

La Vie de Messire Henry de Béthune, évêque de Maillezais puis archevêque de Bordeaux, d'après les documents originaux (1604-1680) : — « Henricus Bethunius præsul catholicus; optandum ut quàm simillimis tali archiepiscopo præsulibus abundet Ecclesia » (INNOCENT XI); — 2 volumes in-8°.

www.ingramcontent.com/pod-product-compliance
Ingram Content Group UK Ltd.
Pitfield, Milton Keynes, MK11 3LW, UK
UKHW020312180726
13839UKWH00001B/451

9 782329 490892